Bettina Kleebach

DER WEG ZUM ZIEL

Dieses Buch widme ich allen, die mich auf meinem "Weg zum Ziel"
und durch meine Selbsterfahrung begleitet haben:
Meiner Familie, meinen FreundInnen, meinem Mann, unserem Sohn,
meinen KollegInnen aus dem Studium und aus der Ausbildung,
meinem Diplomarbeitsbetreuer, meiner Ausbildungsleiterin,
meiner Selbsterfahrungsleiterin, meinen (bisherigen) TherapeutInnen,
meiner Psychologischen Astrologin, meiner Spirituellen Begleiterin,
meinen ehemaligen Chefärzten, OberärztInnen, ArbeitskollegInnen
sowie ehemaligen und aktuellen PatientInnen und KlientInnen.
Vielen Dank für die wertvollen Erfahrungen!

Bibliografische Informationen der Deutschen Nationalbibliothek:
Die Deutsche Nationalbibliothek verzeichnet diese Publikation
in der Deutschen Nationalbibliografie; detaillierte bibliografische
Daten sind im Internet über dnb.dnb.de abrufbar.

Herstellung und Verlag:
BoD – Books on Demand, Norderstedt.

ISBN: 9783756208661

Inhalt

Vorwort zur überarbeiteten Ausgabe

Mehr als fünf Jahre sind vergangen seit der Veröffentlichung meines ersten Selbsthilfebuchs. Viel ist seither passiert, nicht nur in der gesamten Welt, sondern auch in meinem Leben. Das meiste davon war für mich positiv, einiges davon war eher krisenhaft und hat meinen "GOAL"-Ansatz auf eine harte Probe gestellt. Es gab sogar eine Zeit, in der ich den persönlichen Erfolg meines Ansatzes komplett anzweifelte und gar dachte, ich hätte dieses Buch nicht einmal selbst geschrieben. Doch auch diese Zeit ging zum Glück vorbei und machte mich wiederum um einige Erfahrungen reicher.

Diese neuen Erfahrungen und das wertvolle Feedback meiner ersten LeserInnen ließen sehr früh den Gedanken in mir wachsen, eine überarbeitete Ausgabe von "GOAL" zu machen. Doch erst einmal hatte ich weder die Zeit noch die Energie, mich dieser Aufgabe zu widmen. Und ich sah auch noch nicht unbedingt die Notwendigkeit, denn es waren eher Kleinigkeiten, die meiner Ansicht nach geändert oder ergänzt werden sollten. *So* gefragt war mein Buch dann doch nicht, als dass sich der Aufwand lohnen würde…

Die Jahre vergingen, und bald - im Oktober 2021 - kam das fünfjährige Jubiläum der Veröffentlichung. Der Gedanke an eine Neuauflage wurde wiederum lauter, die Ideen dafür waren da. Ich setzte mir zum Ziel, dies innerhalb der nächsten fünf Jahre anzugehen, spätestens zum 10-jährigen Jubiläum. Ja, das klang realistisch. Und ganz ohne Druck. Doch wie das Leben so spielt, bin ich nun doch früher damit dran als gedacht. Und nur ein klein wenig unter Druck.

Da der Selbstverlag, in welchem ich dieses Buch ursprünglich veröffentlicht hatte, keine (neuen) Ratgeber mehr in sein Programm aufnehmen wollte, sondern sich künftig nur noch auf Liebes-, Fantasy- und Kriminalromane spezialisiert, musste ich den Verlag wechseln, um überhaupt noch die Möglichkeit zu haben, eine Neuauflage machen zu können. Das war prinzipiell kein Problem, doch das Timing hätte besser sein können. Auf jeden Fall wollte ich nun, anstatt noch einmal die Erstauflage „neu" rauszubringen, bei meinem neuen Selbstverlag gleich die „neue" Version veröffentlichen. *So* viel Arbeit sollte es dann doch nicht sein, ein 100-seitiges Buch zu überarbeiten. Jedenfalls in der Theorie. Praktisch hält das Leben immer wieder Überraschungen bereit, die einen selbst an so einer scheinbar kleinen Aufgabe hindern bzw. deren Erfüllung in die Länge ziehen können. Doch nun ist es mir gelungen, mit nur ein wenig Ärger und viel Geduld…

Was habe ich nun hier tatsächlich „überarbeitet"? Nun, ein Punkt, der von einer Leserin angesprochen wurde, war der teilweise übertriebene Gebrauch von Anführungszeichen, der mir gar nicht so bewusst war. Zum einen würde dies wohl den Lesefluss etwas stören, zum anderen könnte die Zeichensetzung eventuell auch fehlinterpretiert werden. Also, warum habe ich so häufig Anführungszeichen benutzt? An manchen Stellen wollte ich wohl etwas „betonen" oder „hervorheben"… Doch man kann auch auf andere Art und Weise etwas *betonen* oder *hervorheben*, so dass ich alles noch einmal durchgehen wollte, um zu sehen, wo ich mir vielleicht die einen oder anderen Anführungszeichen sparen könnte. Also, erstmal eine rein formale Überarbeitung.

Dazu gehörte für mich auch, auf eine geschlechtsneutrale Schreibweise zu achten. Die Frage war nun nur, welche Schreibweise ich benutzen sollte. Liebe Leser/innen? Liebe Leser*innen? Liebe Leser:innen? Nach reiflicher Überlegung entschied ich mich für das gute alte „große Binnen-I", um wiederum den Lesefluss meiner LeserInnen möglichst wenig zu stören.

Inhaltlich sollte sich nicht allzu viel ändern, doch zwei Dinge waren mir persönlich wichtig zu ergänzen:

Zum einen hatte ich gleich im Kapitel *„G" wie...* an einer Stelle darauf hingewiesen, dass ich zu einem Thema aus der Fülle der existierenden Literatur kein Buch explizit empfehlen könne. Dies hat sich insoweit geändert, als dass ich inzwischen hier eine persönliche Präferenz gefunden habe.

Zum anderen kam mir selbst mein Kapitel *GOAL: Der Praxistest* etwas unvollständig vor, und besonders *eine* Ergänzung wollte ich unbedingt noch machen. Etwas, das allein schon in Anbetracht meines Grundberufs nicht fehlen darf: Der Hinweis darauf, dass wenn Sie in der einen oder anderen schwierigen Lebenssituation selbst nicht weiterkommen, es auch die Möglichkeit gibt, sich (professionelle) Hilfe, z.B. in Form von Psychotherapie, zu suchen.

Bettina Weidinger, geb. Kleebach

im April 2022

Vorwort: Mein Anliegen

TherapeutInnen sind auch nur Menschen. Menschen mit einem Privatleben und auch mit Problemen. Das bestätigte u.a. Eva Jaeggi in ihrem Buch mit dem spannenden Titel: "Und wer therapiert die Therapeuten?" (2007) Darin geht es auch um interessante Fragen wie z.B., was einen Menschen dazu bringt, diese Berufswahl zu treffen.

Um gleich auf den Punkt zu kommen: Ja, ich bin Psychotherapeutin. Ja, auch ich bin ein Mensch, mit Privatleben und auch mit Problemen. Und ja, ich habe einen Beruf gewählt, in dem ich es immer wieder mit anderen Menschen, deren Privatleben und deren Problemen zu tun bekomme. Der Unterschied ist, dass ich diesen Menschen mit meinem Fachwissen und psychotherapeutischen Methoden dabei helfe, mit den Problemen in ihrem Privatleben besser umzugehen, und dass diese Menschen nichts von meinem Privatleben und meinen Problemen mitbekommen sollen. Wie ich als Privatmensch mit meinen eigenen Problemen umgehe, spielt keine Rolle in der psychotherapeutischen Arbeit mit meinen Patienten. Für mich spielt es eine umso größere Rolle, mit meinen Privatproblemen umgehen zu können. Und dabei hilft mir mein Fachwissen oft herzlich wenig, da ich mich nicht einfach selbst behandeln kann (oder auch Menschen, die mir nahestehen, aus Gründen der *therapeutischen Abstinenz*). Also braucht es eine passende Verbindung zwischen meinem psychotherapeutischen Fachwissen und meinem Privatleben. Diese Verbindung nennt sich Selbsterfahrung. Sozusagen meine eigene Psychotherapie.

Nach dem sehr theoretischen Psychologie-Studium -, das mit allem Drum und Dran etwa fünf bis sechs Jahre dauert, - sieht es in der Praxis erstmal so aus, dass man nicht einfach drauflos therapieren darf. Außer man beginnt eine Ausbildung als Psychologische/r PsychotherapeutIn -, die dann wiederum mit allem Drum und Dran drei bis fünf Jahre dauert. Man wird zwar dabei ziemlich ins kalte Wasser geworfen, doch hat den Luxus - gegen einen gewissen finanziellen Aufwand, der sich „Ausbildungskosten" nennt -, sehr viel Hilfe in Anspruch nehmen zu dürfen, sei es durch Anleitungen der AusbildungsleiterInnen, durch Anregungen von außenstehenden SupervisorInnen oder eben durch Unterstützung von SelbsterfahrungsleiterInnen. Und ich kann zurecht behaupten, dass ich dadurch in den drei Jahren meiner Ausbildung zur Psychotherapeutin um ein Vielfaches mehr gelernt habe als in den sechs Jahren meines Psychologiestudiums, nicht nur über die Behandlung psychischer Erkrankungen -, sondern vor allem über mich selbst.

Mein Anliegen mit diesem Buch ist es, aus dieser Selbsterfahrung zu berichten und diese zu teilen. Was nicht bedeutet, dass ich mein Privatleben und meine Probleme ausbreiten werde, denn das würde, wie oben schon angedeutet, der sogenannten *Abstinenz* zwischen TherapeutIn und PatientIn widersprechen (unter der Annahme, dass meine PatientInnen dieses Buch lesen könnten). Allerdings möchte ich gerne all das aus meiner Selbsterfahrung teilen, was mir persönlich geholfen hat, mit meinen eigenen Schwierigkeiten im Leben besser klarzukommen. Und das alles lässt sich zusammenfassen unter "GOAL".

Die Idee zu "GOAL" kam mir nach einer familiären Krisensituation Ende 2012, gegen Ende meiner psychotherapeutischen Ausbildung. Ich hatte also enorm viel um die Ohren in dieser Zeit, und - ohne zu viel preiszugeben, - ich kann nur sagen, dass mir damals bewusst geworden ist, dass ich meine Einstellungen und Prioritäten im Leben verändern möchte. Um mit eben solchen Krisensituationen und Belastungen besser umgehen zu können. Es hat zwar - wie bei jedem therapeutischen Prozess - eine Weile gedauert, "GOAL" tatsächlich zu verinnerlichen und zu leben, doch Anfang 2014 war ich soweit und erkannte: Meine Einstellungen und Prioritäten *haben* sich verändert! Ich komme jetzt besser klar mit mir selbst, meinem Leben und meinen Problemen!

Und auch wenn ich - inklusive praktischer Ausbildung - erst etwas mehr als fünf Jahre Berufserfahrung als Psychologische Psychotherapeutin aufweisen kann, bin ich der Ansicht, dass ich soweit bin, meine (Selbst-)Erfahrung zu teilen und anderen Menschen in ihrem Privatleben und mit ihren Problemen die Möglichkeit zu geben, ebenfalls von "GOAL" zu profitieren.

In diesem Sinne: Viel Vergnügen beim Lesen und alles Gute auf Ihrem "Weg zum Ziel"!

Bettina Kleebach

im Mai 2014

Einleitung: Mein Ansatz

Um mein Anliegen, möglichst vielen Menschen "GOAL" nahezubringen, zu verwirklichen, ist es natürlich wichtig, dass es für möglichst jede/n LeserIn verständlich wird. Das heißt, mein Ansatz in diesem Buch kann nicht sein, mit Fachbegriffen um mich zu werfen. Und doch habe ich eine gewisse *Verpflichtung* meinem Fachgebiet gegenüber. Ich will versuchen, hier einen *Mittelweg* zu gehen, sozusagen zwischen Wissenschaft und Intuition. Dazu will ich in dieser Einleitung einen kleinen Überblick schaffen, mit welchem Ansatz ich in der Therapie arbeite und wie mein Ansatz für "GOAL" entstand - alles intuitiv aus meiner psychotherapeutischen (Selbst-)Erfahrung heraus. Da auch gelegentlich Fachbegriffe auftauchen werden, habe ich zusätzlich ein Glossar angelegt, in welchem ich deren Bedeutung kurz erkläre. Und wenn es gerade passt, verweise ich hin und wieder auf (Fach-)Literatur, die mein Anliegen unterstützt. Ein hoffentlich interessanter und kurzweiliger Mittelweg.

Ansätze gibt es in der Psychotherapie fast wie Sand am Meer. Als empirisch erprobt (d.h. durch wissenschaftliche Methoden als erfolgversprechende Behandlungsverfahren nachgewiesen) gelten u.a. drei *Ausrichtungen* in der Psychotherapie -, die auch von den Krankenkassen bezahlt werden: Die Psychoanalyse oder auch analytische Psychotherapie (AP), die Verhaltenstherapie (VT) und die tiefenpsychologisch fundierte Psychotherapie (TP). Diese drei Verfahren genau zu erklären, würde zwar jetzt zu weit führen, doch da ich alle drei im Verlauf meiner Berufswahl und -ausbildung kennen gelernt habe, möchte ich kurz darauf eingehen. Alles Weitere lässt sich bei Interesse in diversen Lehrbüchern nachlesen (z.B. im "Lehrbuch der Psychotherapie - Band 1", herausgegeben von Hiller et al., 2005).

Als ich mich vor dem Eintritt in die Kollegstufe des Gymnasiums entschlossen hatte, Psychologie zu studieren, gingen meine *Wunschvorstellungen* eher in die Richtung der klassischen Psychoanalyse. Also Freud, Traumdeutungen, Unbewusstes, Es - Ich - Über-Ich, etc. Somit war ich erst einmal enttäuscht, als ich an der Uni in Salzburg anfing und dort in nahezu allen Vorlesungen und Kursen feststellte, dass alles, was mit Freud und Psychoanalyse auch nur im Geringsten zu tun hatte, geradezu *verteufelt* wurde. Das sei alles "veraltet" und "nicht empirisch haltbar" - die Verhaltenstherapie dagegen sei das einzig Wahre. Nun ja, nach der ersten Enttäuschung ließ ich mich darauf ein und war bald angetan von den Statistik- und Testverfahren. Auch meiner Diplomarbeit widmete ich mich mit Begeisterung und nach streng wissenschaftlichen Kriterien. Nach viel Blut, Schweiß und Tränen hatten meine Diplomarbeit und ich uns schließlich "gegenseitig fertig gemacht" (O-Ton irgendeines Studenten im StudiVZ), und 2009 hatte ich mein Diplom in der Tasche.

Doch etwas gab es in meinem Studium, womit ich mich nie vollständig *anfreunden* konnte: Die psychotherapeutischen Methoden der Verhaltenstherapie. Wie der Name schon sagt, wird in der VT (fast) ausschließlich am Verhalten von PatientInnen gearbeitet. Die einzige Methode, PatientInnen von Ängsten (z.B. von der Angst vor Spinnen) zu heilen, ist, sie mit dem angstauslösenden Reiz zu konfrontieren. Was die *Ursache* dieser Ängste sein könnte, ist weniger wichtig. So etwas wie "das Unbewusste", ein "Es" oder ein "Über-Ich" gibt es nicht. Und Träume sind sowieso nur zufällige Entladungen der Synapsen im Gehirn, die keine tiefere Bedeutung haben. Wollte ich tatsächlich später so mit PatientInnen arbeiten? Konnte ich diese Überzeugungen der VT wirklich vertreten? Bitte nicht falsch verstehen: Ich lehne die VT oder ihre Methoden nicht vollkommen ab, z.B. finde ich das Arbeiten mit negativen Grundüberzeugungen und dysfunktionalen Gedanken in der Therapie von Depressionen sehr hilfreich. Nur mit manchen Sichtweisen und Methoden der VT - wie oben beschrieben - konnte ich mich wirklich nicht identifizieren. Und trotzdem begab ich mich nach dem Studium erst einmal auf die Suche nach einer Ausbildungsstelle zur Psychologischen Psychotherapeutin mit verhaltenstherapeutischer Ausrichtung...

Doch das Schicksal, die Vorsehung oder was auch immer, sorgte dafür, dass ich eine Ausbildung in tiefenpsychologisch fundierter Psychotherapie begann. Diese ist in gewisser Weise ein "Nachfahre" der Psychoanalyse nach Freud, meiner ursprünglichen *Wunschrichtung*, dabei allerdings *interaktiver* als die klassische AP. Die Unterschiede zwischen AP und TP, ganz stereotyp beschrieben: In der AP liegen PatientInnen auf der Couch, reden nach der *freien Assoziation*, was ihnen gerade einfällt, und der/die AnalytikerIn sitzt hinter ihnen und analysiert, deutet, ergründet das Unbewusste der PatientInnen. In der TP sitzen sich PatientIn und TherapeutIn gegenüber, der entstehende

Dialog wird als Beispiel einer Beziehung der PatientInnen genutzt, in der sich sogenannte "innere Konflikte" der PatientInnen wiederholen, die der/die TherapeutIn den PatientInnen bewusst machen kann. Beide Methoden zielen auf ein *Bewusstwerden des Unbewussten* - also Selbsterkenntnis - ab, um den PatientInnen so die Möglichkeit zur Weiterentwicklung zu geben, *ohne* direkte *Verhaltensanweisungen.* Allerdings ist die Herangehensweise der TP direkter, aktiver, gegenwartsbezogener als die der AP. Meiner Ansicht nach ein gelungener *Mittelweg* zwischen AP und VT. Wobei innerhalb der letzten Jahre tatsächlich auch *Annäherungen* zwischen VT und TP entstanden sind, und ich aus den Erfahrungen an meinen letzten Arbeitsplätzen inzwischen weiß, dass VT und TP sich durchaus gut ergänzen können.

Jedenfalls fand ich in der TP-Ausbildung schließlich meinen "Weg zum Ziel", der sich mir im VT-Studium noch nicht ganz erschlossen hatte. Mehr noch, ich fand den *Lösungsweg* für einen damals bestehenden *inneren Konflikt* in mir: Dem Konflikt zwischen meinem Wunsch, Psychotherapeutin zu werden, einerseits und dem Gedanken, mich mit bestimmten Methoden der VT nicht wohlzufühlen, andererseits. Und auch wenn die Ausbildung mich mehr als einmal an meine Grenzen und darüber hinaus - ja, manchmal regelrecht zur Verzweiflung - gebracht hat, würde ich es immer wieder genauso machen. Denn von meinen Erfahrungen in diesen drei Jahren, von den Beziehungen zu meinen AusbildungskollegInnen und PatientInnen sowie von meinen (damals erforderlichen) 160 Stunden

Selbsterfahrung konnte ich so viel lernen und profitieren wie selten zuvor in meinem Leben - und ich lerne und profitiere auch seither immer weiter. Ohne all dies wäre ich sicher nicht der Mensch, der ich heute bin, privat wie beruflich. Auch hätte ich nie die Ziele erreicht, die ich mir gesetzt hatte, privat wie beruflich. Und genau diese Erfahrungen bildeten die Grundlage für "GOAL", das sowohl aus verschiedenen Methoden der Psychotherapie als auch aus meiner persönlichen Intuition entstand.

Falls Sie sich nun fragen, ob "GOAL" tatsächlich für alle möglichen Arten von Lebenszielen - beruflich wie privat - geeignet sein soll, lautet die Antwort: Ja. Auf die Frage, ob dieses Buch einen Anspruch auf Vollständigkeit erhebt, lautet die Antwort jedoch: Nein. Ich maße mir weder an, den "Sinn des Lebens" gefunden zu haben, noch möchte ich behaupten, DIE Therapiemethode schlechthin erfunden zu haben, die jedem Menschen helfen soll. Wie gesagt, mein Anliegen mit diesem Buch ist es, meine Selbsterfahrung und mein daraus entstandenes *persönliches* "Erfolgsrezept" zu teilen. Und der Ansatz, den ich mit diesem Buch verfolge, ist, Möglichkeiten aufzuzeigen, dieses persönliche "Erfolgsrezept" umzusetzen. *Wie* Sie es persönlich umsetzen, liegt allerdings nicht in meiner Hand, sondern ganz bei Ihnen.

Und somit kommen wir auf den folgenden Seiten zur wohl interessantesten Frage...

Wofür steht "GOAL"?

Ein herzliches "Willkommen" an alle, die Vorworte und Einleitung übersprungen haben, um gleich herauszufinden, was "GOAL" bedeuten soll! Ich fange also nochmal von vorne an...

Nein, natürlich geht es gleich weiter im Text. Und natürlich können Sie auch hier einsteigen, ohne meinen beruflichen Werdegang und meine Erfahrungen auf diesem "Weg zum Ziel" gelesen zu haben. Wobei dieser Werdegang meiner Ansicht nach ein Beispiel dafür ist, dass der "Weg zum Ziel" nicht immer der direkteste ist bzw. dass sich die Bedeutung, der Sinn oder der Gewinn so mancher *Stolpersteine* oder *Umleitungen* auf diesem Weg nicht immer gleich erschließt. So wie sich für mich z.B. die *Umleitung* über die VT im Nachhinein als notwendig erwiesen hat, um mich wieder zurück auf meine *ursprüngliche* Richtung zu besinnen, und gleichzeitig als sinnvoll und gewinnbringend, um einen persönlichen Vergleich zwischen den unterschiedlichen Therapierichtungen ziehen zu können. Ich könnte noch einige weitere Beispiele nennen, auch aus meinem Privatleben. Doch das ist nicht der Sinn oder das Ziel dieses Buches.

Ich spreche hier die ganze Zeit vom "Weg zum Ziel". Das ist einerseits ein Wortspiel, da "GOAL" (bzw. *goal*) ja das englische Wort für "Ziel" ist. Andererseits könnte man auch sagen: "Der Weg ist das Ziel." Das klingt zwar abgedroschen, beschreibt allerdings ziemlich gut, wofür "GOAL" tatsächlich steht. Denn die Buchstaben, aus denen sich das Wort "GOAL" zusammensetzt, stehen für bestimmte

Eigenschaften oder Einstellungen, die für den "Weg zum Ziel" wichtig sind und die wiederum als *kleinere* Ziele auf dem Weg betrachtet werden können. Wie im Vorwort angedeutet, hat mich eine schwere Krisensituation dazu veranlasst, meine Einstellungen und Prioritäten im Leben zu überdenken, um sozusagen *kleinere* Krisen in Zukunft besser bewältigen zu können. Dazu habe ich mir bei der nächsten kleinen "Krise" in etwa sinngemäß folgende Fragen gestellt: "Wie möchte ich jetzt und in Zukunft schwierige Situationen betrachten? Wie möchte ich in solchen Situationen auftreten? Welche Eigenschaften wären dabei hilfreich?" Ich ging im Geiste eine lange Liste von Eigenschaften durch und kam dabei intuitiv auf folgenden Wahlspruch:

"Gelassen,

Offen,

Authentisch,

Liebenswert -

So komme ich ans Ziel!"

Das ist also das große Geheimnis hinter "GOAL"? Klingt viel zu einfach, oder? Allerdings - denn funktioniert hat es damals in meiner kleinen Krisensituation nicht. Zumindest habe ich nicht das Ziel erreichen können, das ich mir erhofft hatte. Und doch kam ich, im Unterschied zu früheren Krisen, ein großes Stück weiter. Denn ich konnte besser mit der *Enttäuschung* umgehen als bisher. Und je öfter ich diesen neuen Umgang einübte, je mehr ich also "GOAL" verinnerlichte, umso besser ging es mir in (oder nach) späteren Krisen.

Natürlich dauert es eine Weile, "GOAL" zu verinnerlichen. Wie schon gesagt, bei mir ging es auch nicht von heute auf morgen. Ich brauchte über ein Jahr, um eine *positive Veränderung* an mir zu bemerken. Und das bedeutet nicht, dass ich seither jede Krise *perfekt* bewältige. *Sicher* vor kleinen Rückschlägen bin ich noch lange nicht. Doch ich stelle fest, dass die Zeit, in der mich Rückschläge und Enttäuschungen beschäftigen, weit weniger geworden ist, ich also (meistens) *schneller* damit fertig werde als früher. Daher, denke ich, bin ich auf einem guten Weg.

Und damit Sie ebenso die Möglichkeit bekommen, einen solchen Weg zu beschreiten, werde ich in den nun folgenden Kapiteln dieses Buches die einzelnen Elemente von "GOAL" näher beleuchten. Ich werde erklären, was diese genau bedeuten und beinhalten und welche Möglichkeiten es gibt, diese zu verinnerlichen und einzuüben. Dabei ist wichtig zu beachten, dass dieses Buch nicht den wissenschaftlichen Anspruch hat, eine Theorie oder Therapiemethode zu begründen, auch wenn ich mich bemühe, hin und wieder auf (Fach-)Literatur zu verweisen. Dies ist lediglich ein Bericht aus meiner Selbsterfahrung und bildet daher ab, was mich auf *meinen* persönlichen "Weg zum Ziel" gebracht hat. Ob es für *Sie* genau das Passende oder Richtige ist, kann ich nicht erahnen. Doch ich hoffe, dass zumindest einige Anregungen dabei sind, die Ihnen helfen können, den *für Sie passenden* "Weg zum Ziel" zu finden.

"G" wie...

...gelassen

Hat Ihnen auch schon mal jemand gesagt, Sie sollen doch einfach mal "gelassener" sein oder etwas einfach mal "gelassen" sehen? Als wenn das so einfach wäre! Was bedeutet "Gelassenheit" überhaupt? Um zu verstehen, welche Eigenschaft damit gemeint ist, finde ich persönlich folgendes bekanntes Zitat ganz hilfreich:

"Gott, gib mir die Gelassenheit, Dinge hinzunehmen, die ich nicht ändern kann,
den Mut, Dinge zu ändern, die ich ändern kann,
und die Weisheit, das eine vom anderen zu unterscheiden."

(vermutlich) nach Reinhold Niebuhr

Der genaue Ursprung dieses Spruchs ist umstritten, ich habe ihn daher einfach aus dem Wikipedia-Artikel "Gelassenheitsgebet" zitiert. Doch wie ist dieses Gebet zu verstehen? Sollen wir etwa darauf warten bzw. hoffen, dass Gott uns "Gelassenheit", "Mut" und "Weisheit" *gibt*? Für diejenigen, die vielleicht gar nicht an Gott glauben, ein umso aussichtsloseres Unterfangen...

Nein, Gelassenheit wird einem nicht einfach *gegeben*. Manche werden vielleicht mit dieser Eigenschaft geboren, die meisten jedoch eher nicht. Allerdings ist Gelassenheit, wie einige andere Eigenschaften auch - z.B. Zuverlässigkeit oder Kritikfähigkeit - erlernbar, mit viel

25

Übung und Geduld. Einen erprobten "Lehrplan" für Gelassenheit gibt es meines Wissens allerdings nicht. Doch ich denke, dass sich jeder einen eigenen Lehrplan erarbeiten kann. Dazu sollten wir uns erst einmal ansehen, worum es genau geht:

Im *Gelassenheitsgebet* ist die Rede davon, "Dinge hinzunehmen, die ich nicht ändern kann". Es geht also darum, Dinge auch einmal "**ge**schehen zu **lassen**" (- darin steckt sogar "ge-lassen"). Das soll allerdings nicht bedeuten, dass mir alles *egal* sein, ich das Leben an mir vorbeiziehen lassen und *alles* hinnehmen soll. Schließlich geht es im *Gelassenheitsgebet* auch darum, "Dinge zu ändern, die ich ändern kann" und "das eine vom anderen zu unterscheiden". Nein, dieses "**ge**schehen **lassen**" bedeutet meiner Ansicht nach, sich auf das, was geschieht, *einzulassen*, ohne sich allzu viele Gedanken darüber zu machen. Denn diese Gedanken über das Wie und Warum oder das Wozu lösen meistens unnötige Sorgen aus, die sich wie ein Gedankenkarussell drehen und so schnell ins Grübeln führen können. Und Grübeln, Sorgen und Ängste stehen im krassen Gegensatz zu Gelassenheit. "Sich einlassen", "nicht zu viel nachdenken", ... leichter gesagt als getan! Ich vermute, auch das haben Sie schon von so mancher Seite gehört.

Vielleicht haben Sie auch schon einmal vom Konzept der "Achtsamkeit" gehört? Zu diesem Begriff gibt es inzwischen Bücher wie Sand am Meer, sowohl Fachbücher als auch Selbsthilfebücher und Ratgeber. Ich persönlich nutze seit einigen Jahren die *Calm*-App mit Achtsamkeitsmeditationen (sowohl in englischer als auch in deutscher

Sprache verfügbar), zu der es auch ein Buch gibt (siehe unter *Achtsamkeit* im Glossar). Zwar sind nur wenige Meditationen in der *Calm*-App kostenlos verfügbar, doch es gibt sicher auch andere Apps zum Ausprobieren. Jedenfalls, unabhängig davon welche App oder Literatur Sie dazu für sich finden, der wichtigste Aspekt der *Achtsamkeit*, der auch für die *Gelassenheit* empfehlenswert ist, ist schnell genannt: Das Leben im *Hier und Jetzt*.

Die meisten Dinge im Leben, die wir am liebsten ändern wollen, liegen in unserer Vergangenheit: "Falsche" Entscheidungen, die wir getroffen haben, unbedachte Worte, die wir ausgesprochen haben, usw. Und die Dinge, die uns am meisten Sorgen und Ängste bereiten, liegen in der Zukunft: Wie wird es um unsere Gesundheit, unsere Familien, unsere Finanzen, etc. stehen, am Ende des Monats, in einem halben Jahr, in 5 Jahren, usw.? Doch wir können weder die Vergangenheit ändern noch die Zukunft beeinflussen - jedenfalls nicht direkt. Das Einzige, was wir tun können, um die *Vergangenheit* zu ändern, ist, unseren *Blick* darauf zu verändern, z.B. indem wir die Dinge, die wir nicht mehr ändern können, hinnehmen. Und die einzige Möglichkeit, Einfluss auf die *Zukunft* zu nehmen, ist, die Dinge zu ändern, die wir *jetzt* ändern können. Beides geschieht in der *Gegenwart*, also im *Hier und Jetzt*.

Heißt das nun, dass unsere Vergangenheit und Zukunft überhaupt gar keine Rolle mehr spielen sollen? Das nicht. Natürlich spielt unsere Vergangenheit eine große Rolle in unserem Leben, denn sie erklärt, warum wir so geworden sind, wie wir *jetzt* sind. Und es ist auch wichtig, *jetzt* für die Zukunft zu planen, um beispielsweise unsere Altersvorsorge (soweit möglich) zu sichern. Doch wie gesagt, weder die Vergangenheit noch die Zukunft lassen sich direkt beeinflussen, wir können *nur* aus der Gegenwart heraus handeln. Daher sollte der *Fokus* unserer Aufmerksamkeit *immer* im *Hier und Jetzt* liegen. Ich möchte das gerne anhand einer Grafik veranschaulichen, die ich auch schon den einen oder anderen PatientInnen von mir aufgezeichnet habe:

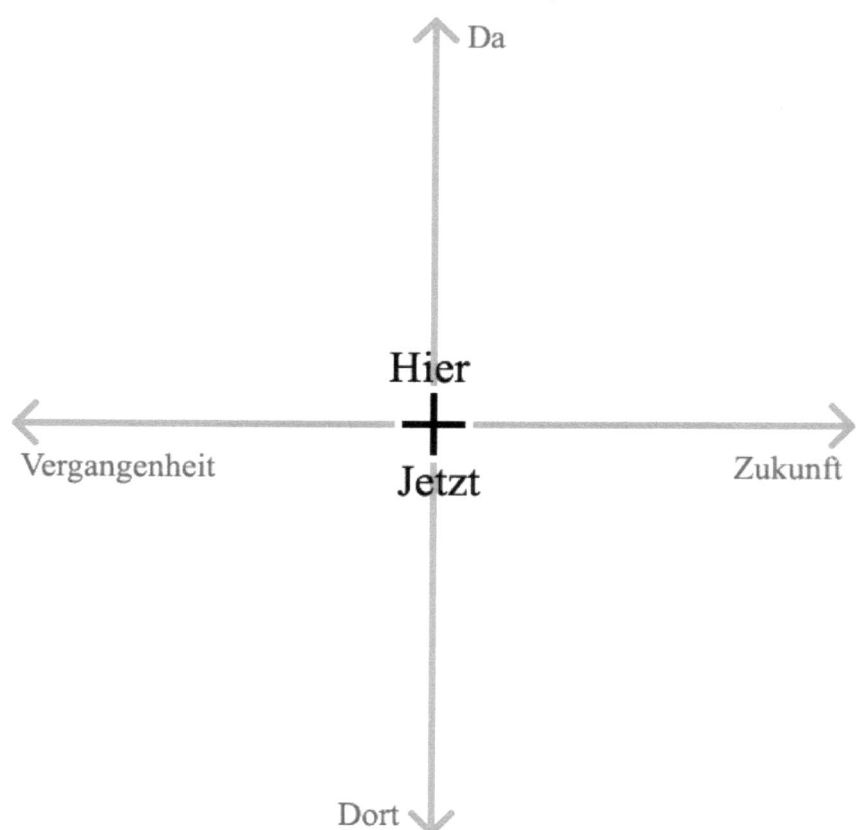

Abbildung 1:   **Das "Hier und Jetzt" auf der Raum-Zeit-Achse**

Die waagrechte Achse stellt also die Zeit dar, die senkrechte den Ort. Gedanklich können wir uns an jedem erdenklichen Punkt dieser Grafik aufhalten. *Tatsächlich* befinden wir uns jedoch *immer* im Schnittpunkt der Achsen, also im Hier und Jetzt. Die Zeitachse bewegt sich dabei von selbst, von Sekunde zu Sekunde, immer weiter, sozusagen zum immer wieder neuen *Jetzt*. Auf der Raumachse können wir uns zwar selbst hin- und herbewegen, doch damit wird gleichzeitig unser neuer Aufenthaltsort zum neuen Schnittpunkt, also zum neuen *Hier*. Schließlich können wir uns nicht an zwei Orten gleichzeitig aufhalten.

Unsere Gedanken bewegen sich allerdings nicht nach diesen Gesetzen. Wie gesagt, sie können sich an jedem erdenklichen Punkt befinden. Manchmal vielleicht sogar an mehreren gleichzeitig. Und das macht es uns meistens schwer, *gelassen* zu bleiben. Denn wenn wir uns das anhand der Grafik ansehen, könnte man sagen, dass wir körperlich und geistig nicht an derselben Stelle sind. Oder auch, dass wir nicht in unserer "Mitte" sind. Deshalb gilt: Je näher unsere Gedanken an dieser *Mitte*, also dem Hier und Jetzt, sind, desto gelassener können wir sein. Ich persönlich merke, dass ich (sowohl privat als auch bei der Arbeit) am gelassensten bin, wenn meine Gedanken höchstens eine Stunde "voraus" sind.

Natürlich kommt es oft vor, dass wir in Gedanken "woanders" sind. Und ich sage ja auch nicht, dass es leicht ist, gedanklich immer im Hier und Jetzt zu bleiben. Es muss auch gar nicht sein, dass wir gedanklich *immer* nur im Hier und Jetzt sind. Wie schon gesagt, der

Fokus, der Mittelpunkt unserer Gedanken ist von Bedeutung. Es ist in Ordnung, sich ab und zu mit der Vergangenheit zu befassen oder in die Zukunft zu planen. Solange die Gedanken dort nicht zu lange hängen bleiben und wieder in die *Mitte* zurückfinden. Denn, wie gesagt, *handeln* können wir nur im Hier und Jetzt, also in der Gegenwart. Somit macht uns das dauerhafte *Hängenbleiben* in der Vergangenheit oder in der Zukunft *handlungsunfähig*. Das passt auch zum Erscheinungsbild psychischer Störungen, was ich einmal sehr treffend in einem Zitat ausgedrückt fand:

> *"If you are depressed, you are living in the past.*
> *If you are anxious, you are living in the future.*
> *If you are at peace, you are living in the present."*
>
> nach Lao-Tse

Ob Lao-Tse tatsächlich diese Wortwahl getroffen hat, sei dahingestellt, zumal dieses Zitat von einem auf Facebook geteilten Bild stammt. Doch die Aussage ist klar: Wenn man "deprimiert" oder "depressiv" ist, lebt man zu sehr in der Vergangenheit. Ist man "ängstlich" oder "besorgt", dann, weil man zu sehr in der Zukunft lebt. Dagegen wirklich "im Frieden mit sich" kann man nur sein, wenn man in der Gegenwart lebt. Also noch ein weiterer Hinweis darauf, dass Gelassenheit *nur* im Hier und Jetzt möglich ist.

Hier und Jetzt, schön und gut. Doch da stellt sich wieder die Frage: Wie kann man *lernen*, gelassen zu sein und im Hier und Jetzt zu leben? Dabei kann wiederum die weiter oben erwähnte *Achtsamkeit* hilfreich sein. Während meiner Ausbildung habe ich häufig mit Übungsblättern zu diesem Thema gearbeitet, mit sogenannten "Achtsamkeitsübungen". Diese Übungen waren für die einen oder anderen PatientInnen tatsächlich ganz hilfreich, um mehr bei sich und im Hier und Jetzt bleiben zu können. Achtsamkeit lässt sich in sehr vielen Alltagssituationen üben. Die verschiedenen Übungen reichen vom "achtsamen Geschirrspülen" bis hin zum "Alien-Reporter", wo man sich vorstellt, als Alien auf der Erde gelandet zu sein und seinem Volk detailliert über seine Eindrücke auf diesem "fremden Planeten" zu berichten. Doch egal, ob Sie nun Geschirr spülen oder sich in die Rolle eines Außerirdischen versetzen, allen Achtsamkeitsübungen - jedenfalls denen, die mir bekannt sind - ist gemeinsam, dass sie sich auf unsere sinnliche Wahrnehmung beziehen.

Unsere fünf Sinne - Sehen, Hören, Fühlen, Schmecken, Riechen - sind das, was uns ins Hier und Jetzt bringen kann. Denn mit unseren Sinnen wahrnehmen können wir nur das, was in der Gegenwart *um uns herum* und *in uns* passiert. Wir können keine Gefahr *riechen* oder in die Zukunft *sehen*, keine Stimmen aus der Vergangenheit *hören* oder den leckeren Kuchen vom letzten Geburtstag noch einmal *schmecken*. Wenn wir es könnten, hätten wir entweder übersinnliche Fähigkeiten oder Halluzinationen. Auch wenn wir uns manchmal vielleicht in die Vergangenheit zurückversetzt *fühlen*, so passiert das nur im Kopf, in Gedanken, in Erinnerungen und im Unterbewusstsein. Wir können uns an den Geschmack unseres Lieblingsessens erinnern, an die Melodie eines Liedes oder an etwas, was wir einmal gefühlt haben. Das tatsächliche *Erleben* dieser sinnlichen Wahrnehmung allerdings gibt es tatsächlich nur im Hier und Jetzt.

Denjenigen, die sich noch nie mit Achtsamkeit befasst oder zwar befasst, doch noch kein gutes Buch mit Achtsamkeitsübungen gefunden haben, schlage ich für den Anfang (in meinen eigenen Worten) zwei einfache Übungen vor, die Sie mal in Ruhe ausprobieren können:

1. Setzen Sie sich auf einen bequemen Stuhl oder Sessel, möglichst so, dass Ihre Füße den Boden berühren. Konzentrieren Sie sich auf Ihren Atem, denken Sie möglichst an nichts sonst. Wenn die Gedanken einmal kurz abschweifen, ist das auch in Ordnung, doch kommen Sie immer wieder zum Atem zurück. Zählen Sie ruhig Ihre Atemzüge oder denken Sie diese mit: "Ein... Aus... Ein... Aus..." Hören Sie das leise Geräusch Ihres Atems, nehmen Sie es mit dem Sinn des Hörens wahr. Und spüren Sie dabei gleichzeitig, wie Ihre Füße den Boden berühren, wo Ihr Körper mit dem Stuhl oder Sessel Kontakt hat, nehmen Sie es mit dem Sinn des Fühlens wahr. Versuchen Sie dies ein paar Minuten lang.

2. Gehen Sie nach draußen, suchen Sie sich eine Parkbank und nehmen Sie dort Platz. Bleiben Sie dort fünf bis zehn Minuten lang sitzen und nehmen Sie in dieser Zeit Ihre Umgebung mit Ihren fünf Sinnen wahr. Konzentrieren Sie sich nur auf folgende Fragen: Was sehe ich? Was höre ich? Was spüre ich? Was rieche ich? Was schmecke ich (sofern Sie gerade etwas essen, trinken oder kauen)? Beschreiben Sie

dabei ruhig in Gedanken Ihre Eindrücke, z.B.: "Ich sehe Bäume. Ich höre Vogelzwitschern. Ich spüre die Wärme der Sonne. Ich rieche frisch gemähte Wiesen. Ich schmecke das Wasser aus meiner Trinkflasche." Oder auch: "Ich sehe Autos. Ich höre Verkehrslärm. Ich spüre starken Wind. Ich rieche Abgase. Ich schmecke meinen Kaugummi." Schildern Sie *alle* Ihre sinnlichen Eindrücke in diesen fünf bis zehn Minuten, ganz egal, *wie* Sie diese empfinden, angenehm oder unangenehm.

Wie geht es Ihnen mit diesen Übungen? Kommen Sie bei sich und im Hier und Jetzt an? Oder sind Ihre Gedanken woanders - in der Vergangenheit, in der Zukunft? Wie fühlen Sie sich, während Sie sich nur auf Ihre sinnliche Wahrnehmung konzentrieren? Gelassen?

Nun ja, so einfach kommt die Gelassenheit meist auch nicht. Es hieße nicht Achtsamkeits*übungen*, wenn es von jetzt auf gleich funktionieren würde. Übung macht schließlich den Meister. Ich denke, solche Übungen können ein (erster) wichtiger Schritt auf dem "Weg zum Ziel" sein, nicht mehr und nicht weniger. *Achtsamkeit* ist auf jeden Fall ein erwiesenermaßen positiv wirksames Mittel in der Psychotherapie. Es kann also sicher nicht schaden, sich damit zu befassen. Das Wichtigste dabei ist natürlich, die für sich *passenden* Übungen zu finden. Wie gesagt, Achtsamkeit lässt sich in allen möglichen Alltagssituationen üben. Die beiden oben beschriebenen Übungen sind nur zwei Beispiele für solche Situationen, es gibt noch unzählige weitere.

Sie fragen sich vielleicht, ob *mir* diese Übungen tatsächlich geholfen haben? Nun ja, am Anfang bestimmt. Wobei ich wahrscheinlich nicht jeden Tag auf einem Stuhl gesessen und meinem Atem gelauscht oder jeden Tag auf einer Parkbank meine Umgebung beobachtet habe. Ich kann mich ehrlich gesagt inzwischen auch gar nicht mehr genau daran erinnern, *wie* ich angefangen habe, das Leben im Hier und Jetzt zu üben, da diese täglichen kleinen Achtsamkeitsübungen irgendwann in Fleisch und Blut übergehen. Am Anfang muss man sich noch bewusst damit befassen, doch mit der Zeit passiert es fast automatisch und unbewusst. Und auch wenn ich es in mancher Hinsicht geschafft habe, *achtsamer* zu werden und mehr im Hier und Jetzt zu leben, hat das noch lange nicht gereicht, um *gelassener* zu werden. *Achtsamkeit* und *Gelassenheit* sind nicht genau dasselbe, auch wenn das eine hilfreich sein kann, um das andere zu üben.

Was kann noch hilfreich sein, um *gelassener* zu werden? Interessanterweise wird *Gelassenheit* von manchen oft als "Gleichgültigkeit" verstanden. In gewisser Weise kann auch diese Einstellung manchmal hilfreich sein, doch alles mit Maß und Ziel. Natürlich *kann* und *darf* es einem nicht egal sein, wenn wichtige Entscheidungen im Leben oder gar Krisen anstehen. Allerdings kann es helfen, das Leben und sich selbst nicht ganz so bitterernst zu nehmen, auch mal mit Humor auf den Alltag zu schauen und über sich selbst zu lachen oder zumindest zu schmunzeln. Ein bisschen Galgenhumor und Selbstironie haben mich selbst auch schon in manchen Situationen "gerettet". Manchmal, wenn ich mir mal wieder "wie im falschen Film" vorkam, dann habe ich mir eben vorgestellt, mein Leben als Film zu betrachten (oder auch als Sitcom oder Seifenoper). Ein solcher *Perspektivenwechsel* kann oft Wunder bewirken und ganz neue Sichtweisen eröffnen.

Es geht also bei der Gelassenheit auch darum, die Dinge einmal aus einem anderen *Blickwinkel* zu betrachten. Sich nicht auf die eine oder andere Betrachtungsweise einzuschränken, sondern "offen" zu bleiben für das, was im Hier und Jetzt passiert. Und damit komme ich auch schon zum nächsten Element von "GOAL", das ich im folgenden Kapitel erläutern werde. Vorher möchte ich dieses Kapitel abschließen, indem ich noch ein paar Zitate zum Thema *Gelassenheit* bringe, die ich einem Geschenkbüchlein mit dem schönen Titel *"Das kleine Buch für starke Nerven"* (Marin, 2012) entnommen habe. Dieses Büchlein habe ich einmal von einer Person geschenkt bekommen, die selbst eine sehr gute Entwicklung zu mehr Gelassenheit begonnen hat. Die meisten Sprüche in diesem "kleinen Buch für starke Nerven" zu den verschiedensten Themen finde ich immer wieder sehr inspirierend. Hier eine Kostprobe mit drei Sprüchen, die das Thema *Gelassenheit* gut veranschaulichen:

"Ruhe bringt Gleichgewicht und Leichtigkeit.
Gleichgewicht und Leichtigkeit bringen inneren Frieden und
Gelassenheit."

nach Tschuang-Tse

"Was nicht zu ändern ist, das soll man jederzeit
vergnügt geschehen lassen."

nach Gottschalk von Orbais

"Der beste Aussichtsturm des Lebens ist die Gelassenheit."

nach Ernst Ferstl

O wie...

...offen

"Offenheit" ist für mich sehr eng verbunden mit Gelassenheit. Denn so wie *Gelassenheit* hat auch *Offenheit* einiges mit *Achtsamkeit* gemeinsam. Es geht darum, die Dinge *wertfrei* zu betrachten, also unvoreingenommen zu sein. Und das ist ein wichtiges Element der Achtsamkeit: Wahrnehmen, *ohne* zu bewerten. Auch hierfür habe ich ein Zitat, das mir persönlich sehr weitergeholfen hat. Meine Selbsterfahrungsleiterin pflegte immer zu sagen:

"Alles, was kommt, ist gut."

nach Dr. Martha Schendl

Dieses Credo haben ein paar meiner AusbildungskollegInnen und ich für unsere psychotherapeutische Arbeit übernommen, und ich jedenfalls kann sagen, dass ich bisher gut damit gefahren bin. Auch für die meisten PatientInnen ist diese Herangehensweise viel hilfreicher als unnötige Reglementierungen. Das Credo soll so viel bedeuten wie: Es gibt kein "Richtig" oder "Falsch", kein "Gut" oder "Schlecht", sondern alles, was geschieht, hat seinen Sinn und vor allem seine Berechtigung. Auch wenn sich uns der Sinn vielleicht nicht gleich erschließt und wir uns den Kopf darüber zerbrechen - für irgendetwas ist das, was passiert, immer "gut". *Offen* zu sein kann in diesem Fall viel Druck von einem nehmen.

Auch im privaten Bereich ist dieses Credo für mich bisher sehr hilfreich gewesen. Je *offener* ich an eine Situation herangehe, d.h. je weniger Erwartungen oder Befürchtungen ich vorher habe und je weniger ich hinterher über die *Bewertung* der Situation nachdenke, umso besser geht es mir dabei. Ich habe das Credo sogar selbst noch um zwei Sätze erweitert:

"Alles, was kommt, ist gut.
Alles, was gut ist, kommt - irgendwann.
Und alles, was nicht kommt - ist auch okay."

So viel zu meinem Galgenhumor... Nein, bitte nicht falsch verstehen! Ich meine das ernst. Mit diesen beiden Sätzen will ich ausdrücken, dass "große Erwartungen", die wir haben, manchmal lange auf sich warten lassen, und dass wir nicht enttäuscht sein sollten, wenn sie (vorerst) nicht eintreten.

Moment mal... Soll das alles etwa heißen, dass wir *gar* nichts mehr erwarten sollen? Dass wir alle Hoffnungen begraben und uns auf nichts mehr freuen sollen? Und dass wir uns auch *über* nichts freuen sollen, weil das ja auch eine *Bewertung* wäre? Nicht doch! Natürlich dürfen wir uns freuen! Und natürlich dürfen wir uns auch ärgern! Wie jetzt? Ich will es mal so sagen: Gefühle sind menschlich. Freude, Ärger, Trauer, Angst, Überraschung, Ekel. Das sind die sechs sogenannten "Grundgefühle" des Menschen, und alle Gefühle haben ihre

Berechtigung. Es geht nicht darum, unsere Gefühle loszuwerden - sondern um deren *Gewichtung*.

Mit "nicht bewerten" meine ich: Nicht *über*- oder *unter*-bewerten. Wie oft habe ich es bei PatientInnen - oder teilweise auch bei mir selbst - erlebt, dass "negative" Erfahrungen viel mehr Gewicht bekommen als "positive" Erlebnisse! Oft braucht uns nur jemand schief anzuschauen, und schon vergessen wir, dass wir gerade einen lieben Brief gelesen, eine nette Unterhaltung geführt oder uns an einem schönen Sonnenuntergang erfreut haben. Auf einmal denken wir nur noch an diesen "schiefen Blick", fragen uns, was das bedeuten soll, ob uns diejenige Person nicht leiden kann oder was wir der Person getan haben. Und schon gerät unsere "innere Waagschale" ins Ungleichgewicht, und es braucht gefühlt eine ganze Ladung großer positiver Erlebnisse, um die Waage wieder auszubalancieren. Doch während wir auf diese positiven Erlebnisse warten, kommt schon die nächste "böse" Überraschung, und die Waagschale gerät noch mehr aus der Balance...

Dafür, dass wir negative Gefühle, v.a. Angst und Ärger, eher wahrnehmen und somit auch stärker gewichten als positive Gefühle, können wir nichts. Das ist ein Überbleibsel aus der Evolution. Unsere Vorfahren mussten schnell reagieren, wenn Gefahr drohte, dann hieß es nur: "Angriff oder Flucht!" Diese Reaktion spielt sich in "alten" Teilen des Gehirns ab, im sogenannten "limbischen System" (für alle neurowissenschaftlich Interessierten...). Freudige Reaktionen entstehen in evolutionsmäßig "neueren" Gehirnregionen, diese sind also noch nicht so "eingespielt". Deshalb sind negative Gefühle automatisch schneller *abrufbar* als positive. Kein Wunder also, dass *ein* negatives Ereignis oft mehr "wiegt" als *zehn* positive.

Deshalb ist es umso wichtiger, sich *mehr* auf *positive* Erlebnisse zu konzentrieren, und diese immer wieder ins Gedächtnis zu rufen. In der Verhaltenstherapie gibt es dazu eine Methode, die ich meinen PatientInnen ebenfalls hin und wieder empfehle, das sogenannte "Freudentagebuch" (auch "Glückstagebuch" oder "Positivtagebuch" genannt). Dabei geht es kurz gesagt darum, jeden Tag - am besten abends vor dem Schlafengehen - aufzuschreiben, was man an diesem Tag Positives erlebt hat bzw. worüber man sich an diesem Tag gefreut hat. Wohlgemerkt, es sollen *nur* die positiven Erlebnisse aufgeschrieben werden, denn die negativen bleiben ja (leider) automatisch im Gedächtnis. Durch das Aufschreiben und wiederholte Durchlesen der positiven Erlebnisse wird mit der Zeit die Aufmerksamkeit für positive Ereignisse im Alltag gestärkt, so dass positive und negative Erfahrungen mehr ins Gleichgewicht kommen. Das Ziel der Übung ist also auch, *offener* für positive Erfahrungen zu werden.

"Offenheit für Erfahrungen" ist dazu ein gutes Stichwort. So wird nämlich eine Persönlichkeitseigenschaft in einem sehr bekannten psychologischen Modell, den sogenannten "Big Five" der Persönlichkeit, bezeichnet. Vielleicht haben Sie zufällig schon mal einen Persönlichkeitstest gemacht, z.B. im Rahmen Ihrer Berufswahl? Oder einfach nur so zum Spaß? Oder auch zur Datenerhebung für die Diplomarbeit einer Psychologie-Studentin (Kleebach, 2009 - ein bisschen Eigenwerbung darf schon sein... ;))? Jedenfalls, wenn Sie in Ihren Testergebnissen etwas von den Eigenschaften "Neurotizismus", "Extraversion", "Offenheit für Erfahrungen", "Verträglichkeit" und "Gewissenhaftigkeit" gelesen haben, dann hatten Sie es wohl mit den "Big Five" zu tun. Da sich dieses Kapitel meines Buches nur um die Eigenschaft *Offenheit* dreht, werde ich mich in meinen weiteren Ausführungen auch nur mit *Offenheit für Erfahrungen* befassen. Für mehr Informationen über die anderen vier Eigenschaften der "Big Five" hilft "Tante Wiki(pedia)" sicher gerne weiter.

Was macht also, wissenschaftlich gesehen, die Eigenschaft *Offenheit* aus? Nach dem "Big Five" Persönlichkeitstest (im Deutschen von Borkenau & Ostendorf, 1993) wird *Offenheit für Erfahrungen* beschrieben als "eine hohe Wertschätzung für neue Erfahrungen". Menschen mit dieser Eigenschaft "bevorzugen Abwechslung, sind wissbegierig, kreativ, phantasievoll und unabhängig in ihrem Urteil", außerdem haben sie "vielfältige kulturelle Interessen und interessieren sich für öffentliche Ereignisse". Später wurden die "Big Five" in einem neueren (und noch viel längeren) Test um sogenannte "Facetten" der großen fünf Persönlichkeitseigenschaften erweitert. Zu den Facetten der *Offenheit für Erfahrungen* zählen: "Offenheit für Phantasie", "Offenheit für Ästhetik", "Offenheit für Gefühle", "Offenheit für Handlungen", "Offenheit für Ideen" und "Offenheit des Norm- und Wertesystems" (vgl. Ostendorf und Angleitner, 2004).

Oje, soll das etwa heißen, dass wir in all diesen Dingen "offen" sein *müssen*? Nun, schaden kann es vermutlich nicht. Doch von "müssen" soll hier keine Rede sein. Ich denke, *offen* zu sein bedeutet eben nicht, sich mit allem *befassen* zu *müssen*, sondern einfach, alle Möglichkeiten *gelten* zu lassen und in gewisser Weise auch "offen zu halten". Also, meine Meinung zu einem Thema darf genau so gelten wie andere auch, und ich kann *offen* für andere Meinungen sein - was allerdings weder heißt, dass ich meine Ansicht ändern *muss*, noch dass ich sie nicht ändern *kann*. "Offen" zu sein meint also auch, sich selbst verändern und weiterentwickeln zu *können*. Deshalb ist es meiner Meinung nach schwierig, *Offenheit* wirklich zu messen. Jedenfalls ist meine *Offenheit für Erfahrungen* im "Big Five" Test eher "durchschnittlich" ausgeprägt, und dieser Wert hat sich bis jetzt nicht groß verändert. Und doch habe ich eben den Eindruck, durch die Verinnerlichung von "GOAL" deutlich *offener* geworden zu sein.

Bedeutet *meine* "Offenheit" also doch etwas anderes als die wissenschaftlich nachgewiesene Persönlichkeitseigenschaft *Offenheit für Erfahrungen*? Nicht unbedingt. Vielleicht ist *meine* "Offenheit" eine anhand einer komplizierten Formel zu errechnende Kombination aus verschiedenen Facetten der *Offenheit für Erfahrungen*? Doch vergessen wir einmal Formeln und Testverfahren. Auf die Frage, welche der oben genannten Facetten die *Offenheit* von "GOAL" ausmachen, würde ich sagen: Definitiv "Offenheit für Gefühle" und "Offenheit für Handlungen", vermutlich auch "Offenheit für Ideen" und vielleicht sogar ein kleines Stück weit "Offenheit des Norm- und Wertesystems". Letztere wegen der weiter oben erwähnten *Bewertungen*, welche ich möglichst vermeiden sollte, um *mein* Norm- und Wertesystem in diesem Sinne "offen zu halten". Doch viel wichtiger und interessanter finde ich die anderen drei Punkte: Gefühle, Handlungen und Ideen.

Dazu könnte ich gleich wieder einen psychologischen (genauer gesagt verhaltenstherapeutischen) Ansatz vorstellen, über den Zusammenhang zwischen Gefühlen, Verhalten/Handlungen und Gedanken/Ideen. Doch ich versuche mich stattdessen wieder an einem *intuitiveren* Ansatz und belasse es mal bei der Feststellung, dass Gedanken, Gefühle und Handlungen sehr eng zusammenhängen und sich gegenseitig beeinflussen. So weit, so klar. Über Gefühle habe ich weiter oben schon geschrieben, dass alle Gefühle ihre Berechtigung haben, wir sie also haben *dürfen*. Wir *dürfen* uns freuen, wir *dürfen* uns ärgern, wir *dürfen* traurig sein, etc. Die Kunst dabei ist, uns nicht von unseren Gefühlen *beherrschen* zu lassen. Wir *dürfen* uns über jemanden ärgern, können diesem Jemand aber nicht einfach eine reinhauen - jedenfalls nicht ohne entsprechende Konsequenzen... Umgekehrt allerdings, je mehr *wir* versuchen, unsere Gefühle zu *beherrschen*, z.B. wenn wir sie verdrängen oder unterdrücken wollen, umso heftiger werden sie sich uns früher oder später irgendwann wieder aufdrängen. Vielleicht kennen Sie eine Situation, in der Sie sich z.B. immer wieder vorgesagt haben: "Ich darf nicht weinen, jetzt bloß nicht weinen!" Und was kam in genau dieser Situation mit höchster Wahrscheinlichkeit? Der Wasserfall!

Genau deshalb ist es wichtig, einen Mittelweg zu finden zwischen der "Herrschaft" unserer Gefühle *über* uns und *unserer* "Herrschaft" über unsere Gefühle. Das bedeutet, eine gewisse *Offenheit* unseren

Gefühlen gegenüber zu entwickeln, nach dem Credo: "Alles, was kommt, ist gut." Doch wie? Nun, da gibt es sicher unterschiedliche Methoden. Meinen PatientInnen rate ich beispielsweise hin und wieder, ihre Gefühle wie Wolken zu betrachten, die vorbeiziehen. Sie sind eine Weile da und ziehen dann wieder weiter. Und natürlich gefallen uns Gewitterwolken weniger als Sonnenschein. Doch auch Gewitter ist hin und wieder notwendig, hat also - genauso wie negative Gefühle - seine Daseinsberechtigung. Manchmal hat so ein Gewitter sogar eine sehr *reinigende* Wirkung...

Die Frage ist nur, was machen wir mit unseren Gefühlen, solange sie noch nicht "vorbeigezogen" sind? Das ist manchmal gar nicht so einfach. Da kommt die "Offenheit für Handlungen" ins Spiel. Wie schon gesagt, wir können uns in unseren Handlungen nicht einfach von unseren Gefühlen *beherrschen* lassen, zumindest nicht, ohne mit gewissen (möglicherweise "negativen") Konsequenzen rechnen zu müssen. Also gibt es nur zwei Möglichkeiten: Entweder wir *bewerten* die Konsequenzen anders - oder wir *handeln* anders.

Was ist Ihnen lieber?

Als kleine Entscheidungshilfe: Beides kann wahrscheinlich helfen. Es sind eben unterschiedliche Wege, die Sie beschreiten können. Welcher davon der "richtige" oder der "leichtere" ist, können nur Sie beurteilen. Wie? Am besten, indem Sie sich fragen: *Wie* entscheide ich? Woran denke ich zuerst, an die Konsequenzen oder daran, was diese für mich bedeuten, also an die Bewertung? Unsere Bewertungen treffen wir eher unbewusst, fast automatisch, sie sind deshalb meistens nicht so einfach zu ändern. Unsere Handlungen dagegen können wir - meistens jedenfalls - bewusst steuern, also auch "leichter" ändern. Dieser "leichtere" Weg kann kurz- und mittelfristig hilfreich sein, der "schwierigere" Weg eher langfristig.

Wir können ohnehin niemals *alle* möglichen Konsequenzen einer Handlung einschätzen. In jeder Situation gibt es unzählige Möglichkeiten, wie wir handeln können, und einige davon sortieren wir gleich aus, weil wir uns davon *negative* Konsequenzen erwarten. Doch an viele Möglichkeiten denken wir gar nicht erst, und/oder wir wissen nicht, was wir davon erwarten können. Warum also nicht mal etwas *Neues* ausprobieren, sozusagen ein *Experiment* wagen? Es könnte doch etwas *Gutes* dabei herauskommen. Das ist meiner Ansicht nach gemeint mit "Offenheit für Handlungen", sich selbst einfach einmal *neu auszuprobieren* und zu sehen, was passiert. Dabei kann die "Offenheit für Ideen" natürlich auch hilfreich sein, um Anregungen für "neue" Handlungen zu bekommen. Sei es nun, dass wir selbst eine Idee haben oder diese von außen kommt. Wichtig ist, dass wir *offen* für *neue* Ideen und Handlungen bleiben und diese nicht vorschnell verurteilen.

Heißt das nun, wir *müssen* alles einmal ausprobiert haben, um *offen* zu sein? Nein. Wie schon weiter oben angedeutet, es gibt kein "Muss" in der *Offenheit*. Wenn ich mir z.B. absolut nicht vorstellen kann, Bungeejumpen zu gehen oder Insekten zu essen, dann *muss* ich das auch nicht. Wie eine meiner ehemaligen Ausbildungskolleginnen gerne sagt: "Alles *kann*, nichts *muss*." Es geht in der "Offenheit" *nicht* darum, möglichst *viel* auszuprobieren, sondern darum, beim

Ausprobieren möglichst etwas *Gutes* für sich zu entdecken. Qualität geht über Quantität. Etwas auszuprobieren, das uns absolut widerstrebt, nur um des "Ausprobierens" Willen, würde außerdem dem Prinzip der "Authentizität" widersprechen. Doch dazu bald mehr im nächsten Kapitel...

Zuvor möchte ich noch ein Missverständnis aufklären, das manchmal im Zusammenhang mit dem Ausdruck "offen sein" entsteht: *Offenheit* hat meiner Ansicht nach nichts mit "Offenherzigkeit" oder "sich preisgeben" zu tun. "Offen" zu sein heißt nicht, sich jedem x-beliebigen Menschen mit den intimsten Gedanken und Geheimnissen anzuvertrauen. Auch hier gilt es, ein für sich selbst passendes Mittelmaß zu finden, also zu unterscheiden, bei wem es guttut, sich anzuvertrauen, und bei wem nicht. Es geht also darum, die eigenen Grenzen wahrzunehmen und zu wahren - und genauso die Grenzen anderer Menschen. Denn jemand, der einfach jeden x-beliebigen Menschen anspricht, weil er so ein "offener Mensch" ist, kann ganz schnell Grenzen überschreiten und sich "aufdrängen", ohne es zu merken. *Offenheit* hat also, im Gegensatz zum Universum - und zur menschlichen Dummheit (angeblich nach Albert Einstein) - *doch* gewisse Grenzen. Nämlich die, die uns von anderen Menschen gesetzt werden. Wobei es manchen Menschen auch sehr schwer fällt, ihre eigenen Grenzen deutlich zu machen - was es anderen wiederum schwer macht, diese wahrzunehmen.

Besonders wichtig ist meiner Ansicht nach für die *Offenheit* außerdem noch, *positive* Erfahrungen, die wir durch sie machen können, auch zu *genießen*. "Genießen" bedeutet, mit allen Sinnen den Moment zu erfahren, also *achtsam* für den Genuss zu sein. Und, wie bereits angedeutet, unsere *Achtsamkeit* für *positive* Erfahrungen zu stärken, ist ein sicherer Weg, für Erfahrungen aller Art *offener* zu werden. Vielleicht ist das eine bisher unbekannte "Facette" der *Offenheit* - "Offenheit für Genuss"? Vermutlich gibt es ohnehin noch einige weitere Facetten, die *Offenheit*, so wie ich sie verstehe, ausmachen - ohne dass man diese alle benennen müsste. Warum allerdings gerade auch das "Genießen" eine sehr wichtige Rolle bei der *Offenheit* spielt, verdeutliche ich zum Abschluss dieses Kapitels noch in einem weiteren Zitat aus dem "kleinen Buch für starke Nerven" (Marin, 2012):

"Wer nicht genießt, ist ungenießbar."

nach einer Südtiroler Weisheit

"A" wie...

...authentisch

Die wohl wichtigste Voraussetzung, um auf den *eigenen* "Weg zum Ziel" zu gelangen, ist, "authentisch" zu sein. *Authentisch* sein bedeutet so viel wie "echt" sein, "unverfälscht" - mit anderen Worten: So wie wir sind! Doch gerade das kann manchmal das am schwersten zu erreichende "Ziel" auf dem Weg sein. Jedenfalls war es bei mir so.

Wer oder was hat es mir nur so schwer gemacht? Ganz einfach: Ich mir selbst!

Wie denn das? Nun, wir Menschen haben eben diese besondere Begabung, uns das Leben manchmal unnötig schwer zu machen. Allerdings machen wir das nicht absichtlich - sondern unbewusst. Das, was dabei unbewusst in uns abläuft, wenn unser Leben mal wieder besonders "aus den Fugen" gerät, nennt sich in meinen (tiefenpsychologischen) Fachkreisen "Psychodynamik". Sehr spannende Sache: Es geht dabei um "innere Konflikte", die ich in der Einleitung schon am Rande erwähnt habe. Was heißt das? Streiten wir mit uns selbst? In gewisser Weise ja. Dieser "innere Widerstreit" entsteht, vereinfacht ausgedrückt, zwischen dem was wir *wollen* und dem was wir *sollen*. Die genauen Motive dieses *Wollens* und *Sollens* sowie deren Ursprünge sind uns meistens auch nicht bewusst. Es gibt jedenfalls nach tiefenpsychologischem Verständnis verschiedene

"Grundmotive" für *innere Konflikte*, die erklären, warum wir manche (v.a. negative) Erfahrungen immer wieder machen.

So kann es z.B. sein, dass wir (bewusst oder unbewusst) ein großes Bedürfnis danach haben, von anderen Menschen gemocht zu werden, anerkannt zu werden, beliebt zu sein, etc. Wer will das nicht? Allerdings kann dieses Bedürfnis für manche Menschen wesentlich bedeutsamer sein als für andere. Weshalb es dann umso *schlimmer* für diese Menschen ist, wenn sie - jedenfalls von *bestimmten* anderen Menschen - nicht gemocht oder anerkannt werden. Also bemühen sich diese Menschen besonders, anderen zu "gefallen". Doch egal, wie sehr sie sich auch bemühen, wie sehr sie es auch *wollen* - irgendetwas verhindert, dass es funktioniert, und das immer wieder. Irgendwie *soll* es wohl nicht sein. Darüber könnte ich auch Bücher schreiben...

Klar, man könnte sagen, dass es an den anderen liegt. Nach dem Motto: "Die mögen mich halt einfach nicht." Doch zu einem gewissen Teil liegt dieses *Irgendwas*, das uns behindert, tatsächlich immer auch in uns selbst. Sozusagen: "Ich *sorge* (unbewusst) dafür, dass andere mich nicht mögen." Was nicht heißen soll, dass wir *schuld* daran sind, denn wir machen es ja nicht absichtlich bzw. nicht bewusst. *Schuld* ist niemand, doch jeder hat seinen *Anteil* an einer solchen Dynamik. *Schuld* sind unsere sogenannten "Beziehungsmuster", die sich im Laufe unseres Lebens entwickelt haben - angefangen bei unseren frühesten Bezugspersonen, z.B. unseren Eltern.

Ach, die Eltern sind also an allem schuld? Nein, das wäre zu einfach. Doch *auch* sie haben ihren *Anteil*. Denn natürlich orientieren wir uns als Kinder an unseren frühesten Bezugspersonen, daran wie sie sich uns gegenüber verhalten und wie sie sich zueinander verhalten. Und diese *Beziehungsmuster* verinnerlichen wir und "übernehmen" sie zu einem gewissen Teil - jedenfalls so, wie wir sie persönlich erleben und interpretieren. Diese *Beziehungsmuster* bestehen nach tiefenpsychologischem (bzw. psychodynamischem) Verständnis sozusagen aus vier *Anteilen* (vgl. Arbeitskreis OPD, 2007):

1. *Ich* erlebe *mich anderen* gegenüber immer wieder so, dass...	**4.** *Ich* erlebe *andere mir* gegenüber immer wieder so, dass...
2. *Andere* erleben *mich ihnen* gegenüber immer wieder so, dass...	**3.** *Andere* erleben *sich mir* gegenüber immer wieder so, dass...

Tabelle 1: **Anteile psychodynamischer Beziehungsmuster (nach OPD-2)**

In dem weiter oben beschriebenen Beispiel - Ähnlichkeiten mit realen Personen sind natürlich rein zufällig... - könnte so ein Muster in etwa folgendermaßen aussehen: "*Ich* erlebe *mich anderen* gegenüber immer wieder so, dass ich mich bemühe, ihnen zu gefallen, auch wenn ich dabei nicht ganz ich selbst bin." - "*Andere* erleben *mich ihnen* gegenüber immer wieder so, dass ich mich mal so, mal so gebe." - "*Andere* erleben *sich mir* gegenüber immer wieder so, dass sie nicht wissen, woran sie bei mir sind, und deshalb lieber Abstand nehmen." - "*Ich* erlebe *andere mir* gegenüber immer wieder so, dass sie mich ablehnen, obwohl ich mir solche Mühe gebe, ihnen zu gefallen." Und so schließt sich der (Teufels-) Kreis...

Vielleicht kommt das einigen von Ihnen bekannt vor? Oder vielleicht versuchen Sie jetzt, sich anhand der Tabelle 1 ihre eigenen Beziehungsmuster zu erschließen?

Dazu möchte ich jedoch gleich etwas Wichtiges anmerken: Ein solch spezifisches und komplexes Muster zu analysieren, ist nicht so einfach, wie es hier vielleicht aussieht. Es braucht viel Zeit, Geduld und vor Allem (Selbst-)Erfahrung. PsychotherapeutInnen "schütteln" sich so etwas weder aus den Ärmeln, noch können sie auf den ersten Blick sofort erkennen, welche Beziehungsmuster den Menschen, der ihnen gegenübersitzt, ausmachen. Und das obwohl meinem Berufsstand oft nachgesagt wird, dass wir Gedanken lesen und Menschen mit nur einem Blick "durchleuchten" können... Doch im Gegenteil, es ist meistens ein langer Prozess, der mit viel Theorien- und Hypothesenbildung, "Trial-and-Error" sowie gutem Spürsinn verbunden ist.

Doch gehen wir mal davon aus, Sie haben ein solches Beziehungsmuster - eines von vielen - bei sich erkannt. Durch Psychotherapie, durch Selbsterfahrung, durch Intuition, oder durch was auch immer. Da tun sich auch schon die nächsten Fragen auf: Was fangen Sie damit an? Wie durchbrechen Sie diesen Teufelskreis? Und wie kam es überhaupt dazu, dass dieser entstand?

Nun, die letzte Frage ist ungefähr so leicht zu beantworten wie die nach der Henne und dem Ei. Auch wenn - wie weiter oben schon angedeutet - das, was wir als Kinder von unseren Eltern vermittelt bekommen haben, einen großen Anteil an der Entstehung unserer Beziehungsmuster hat. Es sind gewisse *Werte* und *Ideale*, die wir verinnerlichen, und die uns mehr oder weniger bestimmen. Doch wenn diese nicht mit dem übereinstimmen, was wir an *eigenen* Werten und Idealen entwickeln, was unsere *Bedürfnisse* und *Wünsche* sind, dann kann das dazu führen, dass wir innerlich hin- und hergerissen sind. Das ist dann der *innere Konflikt* zwischen dem *Sollen* und dem *Wollen* - oder, in der Fachsprache, zwischen dem *Über-Ich* und dem *Es*. Und das "Schlachtfeld" ist das *Ich*, was sich z.B. durch unsere Beziehungsmuster ausdrückt: Wir versuchen so zu handeln, wie wir *sollen* (laut unserem *Über-Ich*), dabei aber gleichzeitig möglichst das zu erreichen, was wir *wollen* (laut unserem *Es*). Dadurch entsteht dann meistens ein eher "fauler Kompromiss".

So wie in dem oben genannten Beispiel: Das *Es* sehnt sich danach, gemocht und akzeptiert zu werden, so wie "Ich" bin, mit allen Stärken und Schwächen. Das *Über-Ich* redet dem *Ich* allerdings ein, dass es viel wichtiger sei, anderen zu gefallen und sich nur von seiner *besten* Seite zu zeigen, wie es sich eben "gehört". Was mache "Ich" also? *Ich* versuche, es *beiden*, also dem *Über-Ich* und dem *Es*, recht zu machen: "Ich bemühe mich, anderen zu gefallen, auch wenn ich dabei nicht ganz ich selbst (bzw. nicht ganz authentisch) bin." Und das geht natürlich gehörig schief. Nicht nur, weil "Ich" gar nicht wissen *kann*, was *anderen* gefällt...

Natürlich habe ich dieses Beispiel eines Beziehungsmusters genau deshalb ausgewählt, weil es recht treffend verdeutlicht, was es heißt, *authentisch* zu sein - und das sogar auf mehreren Ebenen. Denn über den Inhalt des Beispiels hinaus macht es auch *meine* "Authentizität" deutlich. Wäre ich *authentisch*, wenn ich über etwas schreiben würde, was rein gar nichts mit mir selbst zu tun hat?

Wobei das mit der *Authentizität* bei PsychotherapeutInnen auch so eine Sache ist... Einerseits ist eine Therapie erwiesenermaßen eher erfolgreich, wenn TherapeutInnen möglichst "authentisch" sind. Andererseits, wenn TherapeutInnen *vollkommen* "authentisch" wären, hätten sie zu den PatientInnen keine psychotherapeutische Arbeitsbeziehung mehr, sondern ein eher freundschaftliches Verhältnis - deshalb die "therapeutische Abstinenz". Es ist also immer eine Gratwanderung, TherapeutInnen können nur in gewissen Grenzen *authentisch* sein. Im Grunde widerspricht die therapeutische Beziehung sogar dem Prinzip der *Authentizität*, da es keine "echte" Beziehung ist, es ist eine "künstliche". In dieser Beziehung geht es nämlich auch gar nicht, wie in *echten* Beziehungen, darum, gemocht zu werden - obwohl es natürlich zusätzlich sehr hilfreich sein kann, wenn die "Chemie" zwischen TherapeutIn und PatientIn stimmt. Es geht in der therapeutischen Beziehung darum, dass PatientInnen von der Psychotherapie profitieren können, indem TherapeutInnen sie dabei unterstützen, Erkenntnisse über sich selbst zu gewinnen und sich dadurch weiterzuentwickeln. Deshalb kann es sogar auch manchmal helfen, wenn es zwischen TherapeutIn und PatientIn zu kleinen "Reibereien" kommt, da sich gerade dann die Chance bietet, Beziehungsmuster zu erkennen und direkt daran zu arbeiten.

Ich denke im Übrigen sogar, dass nahezu alle Beziehungsmuster - egal um welches "Grundmotiv" es dabei geht - etwas mit *Authentizität* zu tun haben. Denn jeder "faule Kompromiss" zwischen *Sollen* (*Über-Ich*) und *Wollen* (*Es*) führt über kurz oder lang dazu, dass wir in unseren Beziehungen *nicht* authentisch sind, uns also nicht so zeigen, wie wir wirklich sind. Wir büßen also einiges an *Authentizität* ein. Natürlich, in einigen Beziehungen *können* wir gar nicht *vollkommen* authentisch sein, wie eben am Beispiel der therapeutischen Beziehung erläutert. Oder auch im Berufsleben generell, wo die Beziehungen "künstlich" sind, von außen *erschaffen*, z.B. durch Hierarchien. Jeder "spielt" eben eine Rolle - als ChefIn, als Angestellte/r, als KollegIn, etc. Doch wenn wir in privaten Beziehungen anfangen, Rollen zu *spielen*, und uns "gekünstelt" benehmen, dann geht unsere *Authentizität* möglicherweise sogar verloren. Wir würden vollkommen aus den Augen verlieren, wer wir wirklich sind.

Es gilt also, in allen Lebenslagen möglichst *authentisch* zu bleiben und sich möglichst nicht zu "verstellen". Das ist manchmal sicher leichter gesagt als getan. Denn abgesehen von unseren *inneren Konflikten*, mit denen wir dadurch konfrontiert werden, ist in manchen Situationen sogar auch mit Widerständen oder Konflikten von *außen* zu rechnen. Und zwar in solchen Situationen, in denen unsere Beziehungsmuster scheinbar ganz gut "funktionieren" - allerdings *nur* für andere Menschen.

Wenn wir uns von anderen Menschen immer wieder *ausnutzen* lassen, dann geschieht das vermutlich deshalb, weil unsere

Beziehungsmuster wie gemacht dafür sind. Ob es nun um eine/n (vermeintlich) gute/n FreundIn geht, für den/die wir uns aufopfern, obwohl er/sie nicht für uns da ist, oder um eine/n PartnerIn, mit dem/der wir zusammenbleiben, obwohl er/sie uns nicht guttut, oder um die lieben Verwandten, denen wir immer wieder einen Gefallen tun, obwohl sie sich nur bei uns melden, wenn sie etwas brauchen - all das sind Beispiele für Beziehungen, von denen *wir* nicht viel haben. Und doch kann es sein, dass wir lange Zeit nicht einmal *merken*, dass man uns ausnutzt. Denn das "nicht viel", was wir von der Beziehung haben, ist, psychodynamisch gesprochen, eben doch viel: Es ist der Weg des geringsten Widerstandes. Wenn wir uns in der Beziehung so verhalten, wie wir es *immer* tun, entsprechend unserem Muster - also so, wie es der andere von uns *erwartet* -, dann "passiert" uns nichts. Unser *Über-Ich* und unser *Es* sind erst einmal zufriedengestellt - zumindest einigermaßen -, und unser Gegenüber (FreundIn, PartnerIn, Verwandte/r, etc.) auch. Doch das *Ich* leidet... und wir wissen vielleicht nicht einmal, warum.

Selbst *wenn* wir merken, dass wir ausgenutzt werden, können wir meistens doch nicht so einfach "aus unserer Haut raus" bzw. aus unserem Beziehungsmuster. Gerade dann wird uns unser innerer Konflikt so richtig bewusst: "Ich *will* mich ja nicht ausnutzen lassen, *aber*..." An diesem großen "Aber" könnte alles Mögliche dranhängen, z.B.: "...sie ist doch meine Freundin." - oder: "...ohne meinen Partner kann ich nicht leben." - oder: "...wir sind doch eine Familie." Was immer wir dem Wunsch, nicht ausgenutzt zu werden, entgegenzusetzen haben, es erscheint uns wesentlich *wertvoller* als unser Wunsch -, weil es eben einen *Wert* aus unserem *Über-Ich* verkörpert, z.B. "immer hilfsbereit sein" oder "Mitgefühl zeigen", usw. Das sind typische *Fallen*, auf die wir in Beziehungen manchmal reinfallen, und die uns dazu bringen, die Bedürfnisse des anderen vor unsere eigenen zu stellen. Natürlich sind Beziehungen - ob nun freundschaftliche, partnerschaftliche oder familiäre - dazu gedacht, dass man einander hilft und füreinander da ist. Allerdings ist es in einer Beziehung auch wichtig, dass sich das *Geben* und *Nehmen* einigermaßen die Waage hält und Kompromisse gefunden werden, die möglichst beiden zusagen.

Doch was, wenn die anderen das offensichtlich nicht so sehen? Wenn *immer* wir es sind, die unsere Bedürfnisse zurückstellen, nie die anderen? Und wenn unser Gegenüber uns immer wieder (möglicherweise auch unbewusst) diese "Fallen" stellt? *Authentisch* wäre es in diesem Fall, dem Gegenüber ehrlich zu sagen, was uns an der Beziehung stört bzw. wie es uns damit geht. Dann wäre zu hoffen, dass er/sie das versteht und sein/ihr Verhalten uns gegenüber ändert. Oder, falls er/sie es nicht versteht und sich nichts ändert, wäre es *authentisch*, sich abzugrenzen oder gar die Beziehung zu beenden. Es könnte alles so einfach sein! Doch natürlich ist es das nicht...

Es geht schon damit los, dass wir es oft gar nicht fertigbringen, anderen *ehrlich* zu sagen, was uns stört. Irgendetwas "verbietet" uns in solchen Situationen, ehrlich zu sein. Wieder einer dieser inneren Konflikte! Wir *wollen* ehrlich sein, doch unser *Über-Ich* kommt uns gleich wieder mit allen möglichen "Horror-Szenarien", z.B.: "Damit könnte ich ihn/sie verletzen / kränken / verärgern / etc." - oder auch: "Das wäre gemein / nicht nett / unhöflich / etc." Nun, das mit *Ehrlichkeit* und *Höflichkeit* ist so eine Sache... Beides sind *Werte*, die wir möglicherweise auch von unseren Eltern oder spätestens in der Schule vermittelt bekommen haben. Beide *Werte* sind erstrebenswert. Doch leider vertragen sie sich nicht besonders gut miteinander.

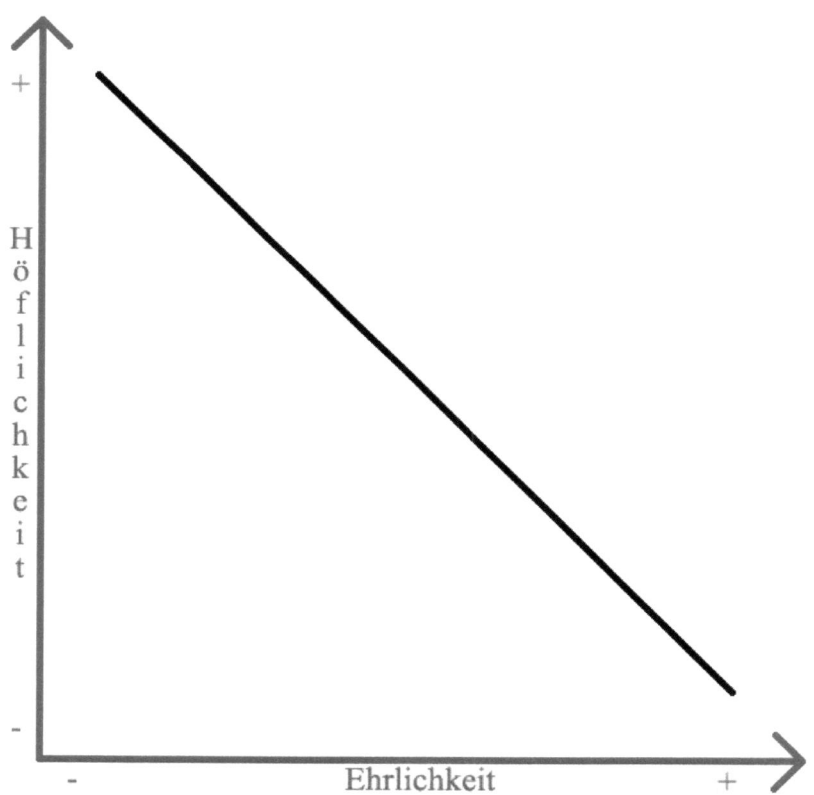

Abbildung 2:   **Das Verhältnis von *Ehrlichkeit* und *Höflichkeit***

Meine Ausbildungsleiterin erklärte das Verhältnis von *Ehrlichkeit* und *Höflichkeit* einmal wie in oben abgebildeter Grafik: Also, je "ehrlicher" wir sind, umso "unhöflicher" sind wir und je "höflicher" wir sind, umso "unehrlicher" sind wir. Es geht also *nur* vollkommen "ehrlich" *oder* vollkommen "höflich", beides auf einmal ist unmöglich. Um beides zumindest *einigermaßen* zu erreichen, sollten wir uns etwa in der Mitte der Grafik bewegen. Sozusagen 50 % ehrlich und 50 % höflich. Und wie soll sowas aussehen?

Ein guter Mittelweg zwischen *Ehrlichkeit* und *Höflichkeit* ist die sogenannte "gewaltfreie Kommunikation" oder auch "konstruktive Kritik". Damit ist es möglich, jemandem *authentisch* etwas "Unangenehmes" mitzuteilen, ohne dabei vorwurfsvoll oder verletzend zu sein. "Vorwürfe" oder "destruktive Kritik" dagegen sorgen häufig dafür, dass es zu Missverständnissen kommt oder unser Gegenüber beleidigt / gekränkt / aufbrausend / etc. reagiert. Ich stelle sie einfach einmal in einer Tabelle gegenüber:

~~Vorwurf~~	**konstruktive Kritik**
- Verallgemeinerungen	✓ konkrete Situationen
- "Du"-Botschaften	✓ "Ich"-Botschaften
- Gefühle ausagieren	✓ Gefühle benennen
- bleibt im Raum stehen	✓ Veränderungsvorschlag

Tabelle 2: Unterschiede zwischen "Vorwurf" und "konstruktiver Kritik"

Die wichtigsten Unterschiede zwischen einem "Vorwurf" und "konstruktiver Kritik" habe ich im Rahmen meiner psychotherapeutischen Tätigkeit schon öfter PatientInnen nahegebracht, meistens anhand von Arbeitsblättern zum Thema "Soziale Kompetenz". In ähnlicher Form werden diese Punkte auch in der "gewaltfreien Kommunikation" (siehe Wikipedia-Artikel) im Unterschied zur "lebensentfremdenden Kommunikation" aufgeführt. So viel zur Theorie. Doch wie sieht das Ganze in der Praxis aus? Dazu ein kleines Beispiel:

Ein klassischer Vorwurf wäre so etwas wie: *"Ständig lässt du dein dreckiges Geschirr rumstehen! Du bist total schlampig!"* Und das am besten noch mit lauter Stimme dem Gegenüber entgegengebrüllt, dann steckt wirklich *alles* drin, was ein Vorwurf braucht: Eine Verallgemeinerung ("ständig" - ebenso wirken z.B. die Worte "immer" oder "nie"), "Du"-Botschaften, ein Ausagieren der Gefühle (z.B. wütend herumschreien, das Gegenüber angreifen mit Worten wie "schlampig"), und der Vorwurf bleibt einfach "im Raum stehen", nach dem Motto: "Du bist unverbesserlich!"

Dieselbe Botschaft in *konstruktiver Kritik* bzw. *gewaltfreier Kommunikation* könnte in etwa so aussehen: *"Gestern Abend habe ich mich darüber geärgert, dass dein benutztes Geschirr noch herumstand. Ich würde mir wünschen, dass du in Zukunft das benutzte Geschirr gleich in den Geschirrspüler einräumst."* Wie hört sich das an? Besser? Ich denke schon, denn hier ist einiges *anders* als im Vorwurf: Es wird eine konkrete Situation benannt ("gestern Abend") und *nicht* verallgemeinert, es gibt mehr "Ich"- anstatt "Du"-Botschaften, Gefühle werden *benannt* ("ich habe mich geärgert") anstatt ausagiert, und es wird auch ein Vorschlag bzw. ein Wunsch zur Veränderung bzw. sogar Verbesserung der Situation benannt.

Das Ganze funktioniert im Übrigen auch in die andere Richtung als "konstruktives Lob". Ein Beispiel: *"Du bist ein wunderbarer Mensch!"* So etwas hört doch jeder gerne, oder? Warum sollte ich das nicht sagen? Das Problem dabei ist: Diese Aussage ist eher verallgemeinernd und außerdem eine Du-Botschaft, d.h. sie sagt nichts darüber aus, *wieso* ich diesen Menschen "wunderbar" finde. Und wieso ist das wichtig? Stellen Sie sich vor, dieser "wunderbare Mensch" tut am nächsten Tag etwas, das Sie verärgert oder stört. Wenn Sie ihn oder sie dann dafür kritisieren, wäre das richtig niederschmetternd. Oder möglicherweise nimmt er oder sie Ihre Kritik nicht ernst, weil Sie ihn oder sie doch "wunderbar" finden. Oder aber das verallgemeinernde Lob an sich kommt ihm oder ihr etwas "übertrieben" vor und er oder sie denkt vielleicht, Sie wollen sich nur einschleimen. Daher ist es auch beim Loben wichtig - so gerne wir Menschen auch gerne ein Lob hören -, die Punkte der *konstruktiven* bzw. *gewaltfreien* Kommunikation zu beachten. Beispielsweise mit einer Ich-Botschaft wie: *"Ich finde es wunderbar an dir, dass ich mit dir über meine Probleme reden kann und du mir aufmerksam zuhörst."*

So einfach könnten wir alle unsere Probleme lösen, nicht wahr? Wenn wir alle *gewaltfrei* miteinander kommunizieren würden, gäbe es nie wieder Streit oder Missverständnisse! Das einzige Problem dabei ist: *Wer* redet so? Kommt Ihnen diese "ewig lange" Aussage in der *konstruktiven Kritik* (im Gegensatz zum kurzen und knappen *Vorwurf*) irgendwie "gestelzt", "aufgesetzt" oder "gekünstelt" vor? Ja? So zu reden wäre dann gar nicht *authentisch*, oder? Jein. Von der Ausdrucksweise her wohl nicht. Von der Botschaft her allerdings schon. Und darum soll es ja schließlich gehen, dass wir *authentisch* das sagen, was wir wirklich meinen.

Sich eine *neue* Ausdrucksweise anzugewöhnen, muss nicht unbedingt heißen, sich zu "verstellen" oder "nicht authentisch" zu sein. Es kann auch eine Weiterentwicklung sein. Wie hilfreich es manchmal sein kann, auf die eigenen Worte zu achten, zeigt u.a. das Buch *"Ja, aber..."* mit dem verheißungsvollen Untertitel *"Die **heimliche Kraft** alltäglicher Worte und wie man durch **bewusstes** Sprechen **selbstbewusster** wird"* (Kühne de Haan, 2013). Das Wort "aber" ist ein klassisches Beispiel. Wenn ein "aber" kommt, erwarten wir schon automatisch etwas "Unangenehmes". Außerdem läutet "aber" einen Nebensatz ein, was dessen Aussage weniger "wichtig" erscheinen lässt. (Weshalb ich selbst auch versuche, dieses Wort zu vermeiden - hier in meinem Buch habe ich es laut Word-Suche vor diesem Absatz erst zweimal verwendet.)

Um das an einem Beispiel zu verdeutlichen: "Ich möchte dir ja gerne helfen, *aber* ich habe leider keine Zeit." Ihr Gegenüber wird wahrscheinlich nur heraushören, dass Sie ihm gerne helfen möchten, und den "Nebensatz" ignorieren. Oder maßlos enttäuscht sein, weil Sie keine Zeit haben und das "aber" ihm schon etwas "Unangenehmes" prophezeit hat. Wie sage ich es also am besten, so dass es richtig ankommt? Ein Vorschlag: Ersetzen Sie das "aber" durch ein weniger "abgenutztes" und somit weniger "vorbelastetes" Wort, z.B. "allerdings" oder "(je)doch" bzw. "und doch". Also: "Ich möchte dir ja gerne helfen, *allerdings* habe ich leider keine Zeit." - Wie wirkt dieser Satz? Beide Aussagen sind nun eher gleichgestellt, keine von beiden erscheint "weniger wichtig" als die andere. Oder auch: "Ich möchte dir ja gerne helfen, *jedoch* habe ich leider keine Zeit." - oder: "Ich möchte dir ja gerne helfen, *doch* leider habe ich keine Zeit." - oder: "Ich möchte dir ja gerne helfen, *und doch* habe ich leider keine Zeit." - Damit unterstreichen und *bejahen* Sie ihr Anliegen: Doch!

Ein anderes "gefährliches" Wort - obwohl es in dem Buch *"Ja, aber..."* gar nicht aufgeführt ist - ist das Wort "eigentlich". Ebenso wie das Wort "aber" gehört es wie selbstverständlich zu unserem Wortschatz, taucht häufig auch in Verbindung mit einem "aber" auf oder lässt jedenfalls mit einem "aber" rechnen. Wenn ich z.B. sage: "Ich will *eigentlich* gemocht werden." - oder: "Mir geht es *eigentlich* ganz gut." - Was sage ich damit aus? Will ich nun gemocht werden, oder nicht? Geht es mir gut, oder nicht? Das Wort "eigentlich" lässt anderen *eigentlich* viel Raum für Zweifel und Spekulationen. Daher ist meistens meine erste Frage, wenn mir jemand sagt, dass es ihm "*eigentlich* ganz gut geht": "Und *un*eigentlich?" Also probieren Sie es mal ohne "eigentlich" und lassen Sie sich von der Wirkung überraschen...

Besonders interessant in dem Buch *"Ja, aber..."* finde ich persönlich noch das Kapitel über das Wort "nicht". In diesem wird dargestellt, dass unser Unterbewusstsein dieses Wort nicht einmal "kennt". Weshalb es also von Vorteil ist, eigene Wünsche und

Bedürfnisse *positiv* zu formulieren. Ein Satz wie: "Ich möchte mich *nicht* von anderen ausnutzen lassen." - könnte uns also unbewusst *gerade* dazu antreiben, uns von anderen ausnutzen zu lassen. Wie das, fragen Sie sich? Ein einfaches Beispiel für eine solche *paradoxe* Wirkung ist die Aufforderung: "Denken Sie nicht an Elefanten!" Woran denken Sie? Klar soweit? Zurück zu unserem Beispielsatz ("Ich möchte mich *nicht* von anderen ausnutzen lassen."). Positiver und somit *authentischer* wäre in diesem Fall z.B.: "Ich möchte anderen vertrauen können." - oder: "Ich möchte, dass andere so für mich da sind wie ich für sie." Es ist oft viel einfacher zu sagen, was wir *nicht* wollen als zu sagen, was wir wollen. Doch beides ist wichtig, um *authentisch* zu sein. Und dazu kann, denke ich, der *achtsamere* Umgang mit unserer Wortwahl sehr hilfreich sein.

Natürlich soll das jetzt nicht heißen, dass wir *jeden* Satz im Kopf zehnmal umdrehen sollten, bevor wir ihn aussprechen. Doch es kann sicher nicht schaden, sich einmal näher damit zu befassen. Und auch wenn dieses *bewusste Sprechen* am Anfang vielleicht "ungewohnt" oder "gekünstelt" erscheinen mag, mit der Zeit und etwas Übung wird es leichter und wird sich *authentischer* anfühlen. Weil wir damit *klarer* ausdrücken können, wer und wie wir wirklich sind und was wir wirklich wollen. Es geht hier auch darum, anderen unsere Grenzen - im Sinne der *Abgrenzung* - sowie unsere Bedürfnisse aufzuzeigen. Ob wir nun gemocht werden wollen, ob wir Anerkennung haben wollen oder ob wir einfach in Ruhe gelassen werden wollen -, nur wenn wir *authentisch* sind und das, was wir wollen, auch klar äußern, können wir es erreichen. Und nur dadurch können wir letztendlich "liebenswert" sein (- ja, wir nähern uns wieder dem nächsten Kapitel...).

Und selbst wenn unsere Umwelt unsere *Authentizität* nicht akzeptieren kann, dann soll uns das nicht daran hindern, *authentisch* zu sein. Wenn ich z.B. von jemandem nicht so gemocht werde, wie ich wirklich bin, würde mich der Versuch, mich zu verstellen, um gemocht zu werden, mehr anstrengen als *authentisch* zu bleiben - und würde vermutlich schiefgehen. Da wäre es ratsamer, jemand anderen zu finden, der mich wirklich mag, so wie ich bin. Denn sonst würde ich mich nur von meiner Umwelt abhängig machen, mich ihr unterwerfen und mir sowie meinen Wünschen und Zielen letztendlich selbst im Weg stehen. Und den Weg, auf dem ich meinen Wünschen und Zielen näherkomme, kann ich sowieso nur selbst gehen, wie meiner Ansicht nach auch in folgendem Zitat aus dem "kleinen Buch für starke Nerven" (Marin, 2012) deutlich wird:

"Alle Stärke liegt innen, nicht außen."

nach Jean Paul

"L" wie...

...liebenswert

Sagte ich, *authentisch* zu sein, sei am schwersten zu erreichen? Da habe ich mich wohl vertan! Denn von sich selbst sagen zu können: "Ich bin liebenswert." -, das ist häufig noch viel schwieriger! Doch was bedeutet das, "liebenswert" - oder auch "liebenswürdig" - zu sein? Wörtlich genommen heißt es wohl: Es "wert" - bzw. "würdig" - sein, "geliebt" zu werden. Und wie ist das nun wieder genau zu verstehen? Was sind die *Voraussetzungen* dafür, wann ist man es *wert*?

Ich bin mir sicher, dass die wichtigste Voraussetzung schon einmal ist, *authentisch* zu sein, sich also so zu zeigen, wie man wirklich ist. Wie ich darauf komme? Nun, vielleicht haben Sie ja auch schon öfter diese oder ähnliche "Binsenweisheiten" gehört: "Wenn dich jemand nicht so liebt, wie du bist, dann ist er/sie es nicht wert, von dir geliebt zu werden." - oder auch: "Nur wenn du dich selbst liebst und akzeptierst, kannst du auch von anderen geliebt und akzeptiert werden." Da ist bestimmt etwas Wahres dran.

"Sich selbst lieben und akzeptieren" ist allerdings für manche Menschen gar nicht so einfach. Wir alle haben unsere *Macken*, unsere *Schwächen* und auch unsere *Fehler* - das liegt in der Natur der Sache, niemand ist "perfekt". Doch gerade in unserer heutigen Gesellschaft ist der Anspruch, "perfekt" sein zu *müssen*, allgegenwärtig: Ob es nun darum geht, einen "perfekten" Körper zu haben, "perfekte" Leistung am

67

Arbeitsplatz oder im Sport zu erbringen oder die "perfekte" Partnerschaft oder Ehe zu führen - überall, in allen Lebensbereichen, besteht die Gefahr, uns dem Druck der Gesellschaft zu beugen und ihren Ansprüchen gerecht werden zu wollen. Und wehe, wir sind nicht zu 100 % so, wie man es von uns erwartet! Da wir Menschen auch, wie im Kapitel zur *Offenheit* bereits erwähnt, dazu neigen, mehr das Negative zu sehen, wird uns das, was an uns nicht "perfekt" ist, meistens sehr stören.

Doch *Fehler* sind absolut menschlich. *Perfekt* gibt es nicht - es ist ein noch größeres *Unwort* als "aber" und "eigentlich" zusammen und sollte aus unser aller Wortschatz verschwinden. Und vor Allem *müssen* wir nicht "perfekt" sein, um "liebenswert" zu sein. Das Einzige, was dazu nötig ist, ist, dass wir es uns *selbst* "wert" sind. Es geht also um "Selbst-Wert", also unsere persönlichen *Werte*.

Zu diesem Thema habe ich ein (für mich persönlich) sehr hilfreiches Buch gefunden, es heißt *"Liebe ...spricht Klartext!"* (Hardenberg, 2014) und trägt den vielversprechenden Untertitel *"Was wirkliche Liebe meint und wahre Liebe ist"*. Natürlich könnte theoretisch *jeder* ein Buch über die Liebe schreiben und behaupten zu wissen, was *Liebe* wirklich bedeutet. Doch ich konnte beim Lesen dieses Buches feststellen, dass die "Behauptungen" der Autorin wirklich einleuchtend sind - und das, obwohl das Buch keinen wissenschaftlichen Hintergrund hat, sondern am ehesten einen "esoterischen". Allerdings, wenn Sie meine Danksagung zu Beginn *dieses* Buches aufmerksam gelesen haben, wird Ihnen nicht entgangen sein, dass ich selbst dieser Richtung nicht ganz abgeneigt bin. Sagen wir, ich bin *offen* dafür, und suche mir das heraus, was für mich *passt* (z.B. psychologische Astrologie).

Jedenfalls bin ich so beim Lesen von *"Liebe ...spricht Klartext!"* auch vorgegangen. Zugegeben, die Art, wie die Autorin schreibt, fand ich anfangs ziemlich gewöhnungsbedürftig. Beispielsweise geht es ihr sehr viel um "Gott" und "das Göttliche" - womit ich persönlich nicht so viel anfangen kann -, auch wenn sie dabei betont, dass sie dies nicht im Sinn von "Religion" oder gewissen "religiösen Institutionen" versteht. Doch wenn man einen Zugang zur Sprache der Autorin gefunden hat, kann das Buch tatsächlich einige interessante neue Sichtweisen eröffnen.

Mein persönlicher Zugang dazu ist tatsächlich mein tiefenpsychologisches Verständnis. Was die Autorin beschreibt, erinnert mich nämlich teilweise sehr stark an *innere Konflikte*, die uns daran hindern, "wahre Liebe" durch andere oder auch durch uns selbst zu erfahren. Nach der Autorin entstehen diese Konflikte zwischen unserem "Ego" und unserer "Seele". Dabei ist die *Seele* das, was wir wirklich sind, sozusagen unser "wahres Ich". Die *Seele* weiß, was wir brauchen und was uns guttut, sie vertritt unsere persönlichen *Werte*. In einer langen Auflistung führt die Autorin Beispiele für solche Werte der *Seele* an, u.a. auch "Gelassenheit", "Offenheit" und "Authentizität" - und nein, diese habe ich nicht erst aus dem Buch übernommen! Die Idee zu "GOAL" kam mir bereits lange bevor ich *"Liebe ...spricht Klartext!"*

gelesen habe, allerdings konnte es mich durchaus in meinem "Weg zum Ziel" bestätigen.

Und was meint die Autorin nun mit dem "Ego"? Das *Ego* beschreibt alles, was uns daran hindert, die *Werte* unserer *Seele* zu leben, alles was wir "haben wollen", "sollen" oder "müssen". Das *Ego* vereint also nach meinem Verständnis das "Über-Ich" und das "Es". Die *Seele* wird zum "Schlachtfeld" für das *Ego*, so ähnlich wie das *Ich* für das *Über-Ich* und das *Es*. Doch so ähnlich wie in unseren inneren Konflikten ist uns meistens nicht bewusst, was unsere *Seele* wirklich braucht und was das *Ego* alles tut, um zu verhindern, dass sie es bekommt. So kann es vorkommen, dass wir aus unserem *Ego* heraus - oder auch nach dem *Ego* einer anderen Person - handeln, ohne es zu merken, und obwohl es unserer *Seele* nicht guttut. Doch sobald wir uns dessen bewusstwerden und zu unterscheiden lernen, was *Seele* und was *Ego* ist, so die Autorin, können wir *Liebe* erfahren. Dazu schlägt die Autorin auch einen Weg vor: das sogenannte "Liebesbewusstsein":

"Liebesbewusstsein bedeutet, mehr Respekt vor einer Seele zu haben,
die erfüllt und bereichert werden möchte,
als vor dem Ego, das die Dinge falsch verstehen kann,
oder sogar will."

nach Marija Hardenberg

Wie erkennen wir nun also unsere *Seele* bzw. unser *Ego*? Wie schon angedeutet, das *Ego* - sei es nun unseres oder das eines anderen Menschen - "behindert" sozusagen die *Seele*, indem es uns z.B.

verängstigt, verunsichert, kränkt, beleidigt, verärgert, neidisch oder auch überheblich macht. Um noch einmal das eine oder andere Beispiel aus dem letzten Kapitel aufzugreifen: Wenn wir an Beziehungen festhalten, in denen wir uns nicht wohlfühlen, weil wir z.B. ausgenutzt werden, dann nur, weil unser *Ego* oder das *Ego* des anderen uns daran hindert. Vielleicht macht unser *Ego* uns Angst davor, verlassen zu werden, oder das *Ego* des anderen lässt uns glauben, dass wir dem anderen unglaublich viel bedeuten. Und deshalb ist die Gefahr groß, einfach in der Beziehung zu verbleiben und die Dinge zu belassen, wie sie sind, da es das "geringere Übel" ist. Wieder einmal der Weg des geringsten Widerstandes. Doch das hat nichts mit *Liebe* zu tun, wie die Autorin auch betont:

"Liebe hat nicht die Idee,
dass man zu allem Ja und Amen sagt."

nach Marija Hardenberg

Daher schlägt die Autorin vor, sich selbst oder den anderen mit dem *Ego* zu konfrontieren, und zwar "auf der Basis von Liebe". Damit ist eine bestimmte *Haltung* gemeint, deren Beschreibung sich für mich so ähnlich gelesen hat wie die Merkmale der *gewaltfreien Kommunikation* bzw. der *konstruktiven Kritik*. Es geht also auch hier darum, Verständnis füreinander zu schaffen und Möglichkeiten zur Verbesserung der gemeinsamen Situation zu finden. Und wenn dies nicht gelingt, wäre es besser, die Beziehung zu beenden - der *Seele* zuliebe.

Und nicht nur in Beziehungen geht es, der Autorin zufolge, darum, *Liebe* zu erfahren. Auch in unserem Beruf haben wir die Möglichkeit, *Werte* unserer *Seele* zu leben. Doch auch hier besteht die Gefahr, dass das *Ego* sich einmischt. Das fängt schon bei der Wahl unseres Berufes an, die, so die Autorin, entweder von unserer *Seele* oder von unserem *Ego* motiviert sein kann. Als ein Beispiel nennt die Autorin auch den Beruf von TherapeutInnen. Wenn diese "aus der *Seele* heraus" arbeiten, haben sie folgende Absichten: "Menschen helfen, unterstützen, beraten, ihnen neue Perspektiven oder Blickwinkel eröffnen, Heilung und Weiterentwicklung initiieren". Handeln TherapeutInnen dagegen "aus dem *Ego* heraus", werden sie diesen Beruf eher aus den folgenden Gründen wählen: "Sich gerne reden hören, Macht über den Patienten haben, Manipulation eines Schwächeren, Helfersyndrom, Neugier auf menschliche Abgründe". Von mir selbst kann ich mit Fug und Recht behaupten, dass meine Absichten rein von meiner *Seele*, nicht von meinem *Ego* motiviert sind (- ja, wirklich!). Doch leider gibt es tatsächlich auch immer mal wieder VertreterInnen meines Berufsstandes, die offensichtlich mehr durch ihr *Ego* bestimmt sind. Diesen sollte dies (idealerweise) bewusst (gemacht) werden, so dass sie entweder ihre Motivation ändern oder eine *passendere* Berufswahl treffen können. Das gilt auch für andere Berufsgruppen.

Es geht also darum, egal in welchem Lebensbereich - ob im Beruf, in der Partnerschaft, in der Familie, in der Freizeitgestaltung, etc. -, weg vom *Ego* und hin zur *Seele* zu kommen, um *liebenswert* sein zu können.

Und wie? Indem wir uns auf unsere *eigenen* Werte besinnen und diese umsetzen. Die Autorin geht dabei davon aus, dass wir (bzw. unsere *Seelen*) das Potential für jeden erdenklichen Wert haben. Doch woher wissen wir dann, welche Werte wirklich *unsere* sind? Nun, indem sie sich für uns "stimmig", also "passend" anfühlen - was meiner Ansicht nach auch wieder viel mit *Authentizität* zu tun hat. Dabei ist im Grunde nur folgendes zu beachten:

"Man muss nicht alles gut finden,
aber man kann es auf der Basis von Liebe akzeptieren und tolerieren,
wenn es einen Wert an sich verkörpert und andere Werte nicht
verletzt."

nach Marija Hardenberg

Also kann im Grunde genommen jeder von uns *liebenswert* sein, solange er nicht die Werte eines anderen einschränkt, z.B. durch sein *Ego*. Und zur Ergründung unserer eigenen Werte kann meiner Ansicht nach das Prinzip der *Offenheit* ganz nützlich sein. Also, erst einmal alle möglichen Werte auf sich wirken lassen, nach dem Credo: "Alles, was kommt, ist gut." Doch wenn es sich nicht *stimmig, passend* oder *authentisch* anfühlt, gibt es keinen Grund, einen solchen Wert leben zu *müssen*. Es gibt genügend andere Werte, die wir vielleicht *lieber* leben möchten. Dabei gibt es keine "Vorschriften" und auch kein "Richtig" oder "Falsch". Denn wenn wir uns *vorschreiben* lassen, welche Werte wir leben sollen, dann spricht wieder ein *Ego* zu uns, keine *Seele*. Und nur unsere *Seele* weiß, welche Werte uns guttun:

73

"Seelisch bist Du unbeirrbar."

nach Marija Hardenberg

Es geht daher auch darum, die eigenen Werte und sich selbst an oberste Stelle zu setzen. Auch wenn wir Prioritäten im Leben haben, wie etwa die Familie oder die Arbeit, und darauf viel *Wert* legen, ist es immer am wichtigsten, dafür zu sorgen, dass es unserer *Seele* gut geht. Denn wenn unsere *Seele* nicht die oberste Priorität für uns hat, dann, weil sie hinter irgendeinem *Ego* zurückbleibt. Und dann können wir noch so große Anstrengungen auf uns nehmen, um unseren gesetzten Prioritäten gerecht zu werden, doch werden nicht die Kraft dafür haben. Darum ist es wichtig, sich selbst und die eigenen Werte ernst zu nehmen.

"Sich selber ernst zu nehmen bedeutet in der Liebe,
sich vor allem nicht zu betrügen,
sondern sich objektiv selbst zu betrachten."

nach Marija Hardenberg

"Objektiv" ist ein gutes Stichwort. Dabei wären wir wieder bei einem Punkt, den ich im Kapitel zur *Gelassenheit* aufgeführt habe: Sich selbst einmal von außen, aus einem anderen Blickwinkel betrachten. Doch können wir uns selbst gegenüber *objektiv* sein? Bestimmt nicht ganz. Allerdings können dabei auch andere Blickwinkel im wörtlichen Sinn, also andere Menschen, hilfreich sein. Wie nehmen andere mich wahr? Manche Menschen würden uns vielleicht ganz anders beschreiben als wir uns selbst. Und dann gilt es, diese Beschreibungen zu sortieren, uns selbst zu fragen: Was davon ist für mich *stimmig*, was nicht? Ist das, was nicht *stimmig* ist, tatsächlich kein *Wert*? Oder ist meine Wahrnehmung bzw. die Wahrnehmung der anderen durch ihr oder mein *Ego* verzerrt? Welche Werte möchte ich (mehr) leben?

Natürlich ist es auch nicht immer leicht, sich mit sich selbst und den eigenen Werten zu beschäftigen. Und vielleicht kommt bei Ihnen der Gedanke auf: "Wenn ich mich selbst an oberste Stelle setze, ist das nicht furchtbar egoistisch?" Nicht unbedingt. Ich denke, zwischen den beiden Extremen "Egoismus" (d.h. *immer* nur an sich denken) und "Altruismus" (d.h. *immer* nur an andere denken) gibt es viele, viele Abstufungen. Überhaupt, bei allen Eigenschaften oder Werten. Es gibt nicht nur 0 oder 100 auf der Skala, sondern fließende Übergänge und unterschiedliche Ausprägungen:

Abbildung 3: **Übergänge von Eigenschaften, hier am Beispiel von *Egoismus* und *Altruismus* als Extreme**

Wir können also ruhig ein bisschen weniger *altruistisch* sein, ohne gleich *egoistisch* zu werden. Und die paar Prozentpunkte, die wir dann von den *100 % Altruismus* abweichen, können wir nutzen für eine Form von "gesundem Egoismus", nämlich zur "liebevollen Selbstfürsorge".

Das bedeutet, auf sich selbst zu achten, die eigenen Grenzen und Bedürfnisse ernst zu nehmen, für sich selbst zu sorgen - und letztendlich, es sich selbst *wert* sein, sich selbst *Liebe* zu geben. Mit oder ohne andere, *meine* Liebe bin ich mir immer wert. Und für diejenigen, die noch immer glauben, sich selbst zu lieben sei egoistisch, habe ich mir für den Abschluss dieses Kapitels noch mein persönliches Lieblingszitat aus dem "kleinen Buch für starke Nerven" (Marin, 2012) aufgehoben:

"Für sich selbst sorgen ist nicht egoistisch,
sondern lebensnotwendig."

nach Veronica Ray

"GOAL": Mein Praxistest

Soweit zur Theorie. Doch wie sieht die Praxis aus?

Wie ich eingangs gesagt habe, maße ich mir weder an, eine neue Theorie zu begründen, noch, "DIE Therapiemethode" erfunden zu haben. Und dass Theorie und Praxis nicht immer sehr nahe beieinander liegen, kann ich aus meiner beruflichen und persönlichen Erfahrung bestätigen. Eine Therapie ist manchmal wie Auto fahren: Nur weil ich die Theorieprüfung mit null Fehlern bestehe, heißt das nicht automatisch, dass ich gleich ohne Fehler Auto fahren kann. Ich brauche erst noch viele Fahrstunden, um die praktische Prüfung zu bestehen. Und wenn ich den Führerschein habe, brauche ich auch noch viel Übung, um sicher durch den Straßenverkehr zu kommen. Doch selbst dann können immer noch Fehler oder gar Unfälle passieren. So ähnlich ist es auch mit "GOAL".

Rückschläge können immer wieder passieren, auch wenn man glaubt, schon genug Übung zu haben. Kann man *jemals* "genug" Übung haben? Meiner Erfahrung nach habe ich schon viele Situationen durch "GOAL" besser gemeistert als zuvor und einige Ziele, die ich mir vorgenommen habe, erreicht. Doch auch wenn ich bisher mit "GOAL" insgesamt gut "gefahren" bin, gab es durchaus Situationen und Ziele, in denen ich nicht weitergekommen bin. Das hat mir teilweise derbe Rückschläge versetzt.

Lag es daran, dass ich "GOAL" doch noch nicht genug verinnerlicht habe? Möglicherweise. Doch könnte es auch noch an etwas anderem liegen? Möglicherweise! Um bei dem Bild vom Auto fahren zu bleiben: Wenn ich einen Unfall baue, muss das ja nicht nur an mir liegen. Es könnte auch sein, dass etwas am Auto kaputt war. Oder die Witterungsverhältnisse waren schlecht. Oder jemand anderes war am Unfall beteiligt.

Es gibt also - wie so oft - mehrere *Anteile*. Ähnlich wie in der Psychodynamik (wie im Kapitel zur *Authentizität* oder im Glossar unter *Tiefenpsychologisch fundierte Psychotherapie* beschrieben). Wenn ich in einer Situation mit "GOAL" nicht weiterkomme, egal wie oft ich es versuche, dann *kann* das natürlich an mir liegen. Ich habe klar *meinen* Anteil daran. Die *anderen* Anteile könnten allerdings in der Situation selbst oder in anderen Personen liegen. Doch wie erkenne ich diese unterschiedlichen Anteile? Und was mache ich dann mit dieser Erkenntnis?

Zunächst einmal zum Erkennen der Anteile: Als erstes ist es wichtig, sich zu fragen, *was* überhaupt in der Situation für mich schiefläuft. In solchen Situationen, in denen ich nicht weiterkomme, gibt es zwei grundliegende Fragen:

1. Was ist für mich *stimmig*? Und
2. Wo gibt es *Unstimmigkeiten*?

Im Grunde wäre dies eine Kurzversion der "Stimmigkeits-Reflexion" nach Hardenberg (2014), die auf jeden Lebensbereich angewandt werden kann. Auch unter Zuhilfenahme von "GOAL" lässt sich eine solche Reflexion durchführen, indem ich diese mit jeweils einer Frage zur *Stimmigkeit* (+) und einer zur *Unstimmigkeit* (-) auf die vier Elemente von "GOAL" anwende. In Bezug auf eine bestimmte Situation (bzw. auf einen bestimmten Lebensbereich) könnte dies folgendermaßen aussehen:

Fragen zu "G": Bin ich gelassen?

(+) Wodurch gelingt es mir in dieser Situation, mich gedanklich ins Hier und Jetzt zurückzuholen?

(-) Was lasse ich in dieser Situation einfach nur hilflos (also *handlungsunfähig*) geschehen?

Fragen zu "O": Bin ich offen?

(+) Wo bin ich in dieser Situation wertfrei?

(-) Wovor verschließe ich mich in dieser Situation?

Fragen zu "A": Bin ich authentisch?

(+) Wodurch gelingt es mir in dieser Situation, eigene Bedürfnisse zu erkennen, zu äußern und umzusetzen?

(-) Wo habe ich in dieser Situation das Gefühl, mich verstellen zu müssen?

Fragen zu "L": Fühle ich mich liebenswert?

(+) Welche Werte meiner Seele kann ich in dieser Situation leben?

(-) Welche Ängste, Zwänge, Zweifel, Entwertungen und Rachegefühle meines Egos (oder *irgendeines* Egos) hindern mich in dieser Situation daran, Werte meiner Seele zu leben?

Es geht also jeweils um eine Gegenüberstellung der *Stimmigkeiten* und der *Unstimmigkeiten*, Pro (+) und Contra (-). Was spricht dafür, dass ich in dieser Situation gelassen, offen, authentisch, liebenswert sein kann, was spricht dagegen? Wenn die "Argumente" auf der (+) Seite überwiegen, kann ich - jedenfalls in mehr oder weniger ausreichendem Maße - sagen: "Ich fühle mich in dieser Situation gelassen, offen, authentisch, liebenswert." Doch ich könnte auch noch daran arbeiten, die (-) Seite abzuschwächen oder die (+) Seite zu stärken. Raum für Verbesserungen gibt es schließlich immer.

Wenn allerdings die "Argumente" auf der (-) Seite überwiegen, erkenne ich: "Ich fühle mich in dieser Situation *nicht* gelassen, offen, authentisch, liebenswert." Und dann ist es höchste Zeit, die Ursachen dafür zu ergründen, also, sich die unterschiedlichen Anteile anzuschauen. Zwar ist es nahezu unmöglich, *alle* Anteile zu erkennen, doch ich kann mich zumindest gezielt mit den drei wichtigsten und offensichtlichsten Anteilen der Situation befassen: Meine *Eigenanteile* (e), den Anteil *anderer Personen* (a) und den Anteil der *Situation* selbst (s), also alles, was außerhalb des direkten Einflusses von Personen liegt. Dazu können folgende Fragen in Bezug auf die Antworten der (-) Seiten im ersten "Fragenkatalog" (siehe oben) hilfreich sein:

Anteile an "G": Was macht mich in dieser Situation hilflos?
(e) Welche meiner eigenen Verhaltens- oder Denkweisen?
(a) Welche Verhaltens- oder Denkweisen anderer Personen?
(s) Welche Merkmale der Situation selbst?

Anteile an "O": Warum verschließe ich mich in dieser Situation?
(e) Aufgrund welcher eigenen Bewertungen?
(a) Aufgrund welcher Bewertungen durch andere Personen?
(s) Aufgrund welcher Merkmale der Situation selbst?

Anteile an "A": Warum verstelle ich mich in dieser Situation?
(e) Aufgrund welcher eigenen Beziehungsmuster?
(a) Aufgrund der Beziehung zu welcher/n anderen Person/en?
(s) Aufgrund welcher Merkmale der Situation selbst?

Anteile an "L": Wessen Ego behindert mich in dieser Situation?
(e) Welche eigenen Ängste, Zwänge, Zweifel, Entwertungen und Rachegefühle?
(a) Welche Ängste, Zwänge, Zweifel, Entwertungen und Rachegefühle anderer Personen?
(s) Welche Merkmale der Situation selbst?

Zugegeben, das ganze klingt noch sehr abstrakt und theoretisch. Daher versuche ich es an einem praktischen Beispiel zu erklären: Wenn ich an meinem Arbeitsplatz unzufrieden bin, fühle ich mich in diesem

Lebensbereich bzw. in dieser Situation vermutlich nicht gelassen, offen, authentisch, liebenswert. Anhand des ersten Fragenkatalogs erkenne ich also wahrscheinlich, dass in dieser Situation auf meiner (-) Seite mehr Argumente stehen als auf meiner (+) Seite. Mit dem zweiten Fragenkatalog sehe ich mir nun meine Eigenanteile (e), die Anteile anderer Personen (a) - z.B. meines/meiner Vorgesetzten, meiner KollegInnen, etc. - und die Anteile der Situation selbst (s) - also des Arbeitsplatzes - genau an. Auch hier können die einen oder die anderen Anteile überwiegen. Und was mache ich nun daraus?

An dieser Stelle erinnere ich an das "Gelassenheitsgebet":

"Gott, gib mir die Gelassenheit, Dinge hinzunehmen, die ich nicht ändern kann,

den Mut, Dinge zu ändern, die ich ändern kann,

und die Weisheit, das eine vom anderen zu unterscheiden."

(vermutlich) nach Reinhold Niebuhr

Und wie soll das in der Praxis funktionieren?

Nun, wenn ich feststelle, dass meine Eigenanteile (e) überwiegen, kann ich daran arbeiten, indem ich meine Argumente auf den (+) Seiten des ersten Fragenkatalogs stärke. Also, indem ich mir noch mehr suche, was mir hilft, "GOAL" zu sein bzw. indem ich das, was mir bisher geholfen hat, "GOAL" zu sein, noch weiter verinnerliche. Dies sind die Dinge, die ich ändern *kann*.

Die Anteile *anderer* Personen (a) kann ich natürlich *nicht* ändern. Doch wenn ich feststelle, dass diese Anteile sehr groß sind, kann ich zumindest versuchen, diese *indirekt* zu beeinflussen. Dazu suche ich mit diesen Personen das Gespräch und wende dabei die Kriterien der *konstruktiven Kritik* bzw. der *gewaltfreien Kommunikation* an. Dadurch *kann* ich bei diesen Personen möglicherweise etwas erreichen, z.B. Verständnis für meine Situation bekommen, und vielleicht verändern diese dann ihre Denk- und Verhaltensweisen, ihre Bewertungen, ihre Beziehung zu mir, etc. Doch es kann auch sein, dass ich auf taube Ohren stoße, nicht verstanden werde, oder die Person ihre Einstellungen nicht zu meinem Vorteil verändert. Darauf habe ich *keinen* direkten Einfluss.

Den allerwenigsten Einfluss habe ich meistens auf die Situation selbst. Diese ist also eines der Dinge, die ich nur "hinnehmen" kann, wie es im *Gelassenheitsgebet* heißt. Doch wenn ich nun feststelle, dass der Anteil der Situation selbst (s) - in unserem Beispiel der Arbeitsplatz selbst - sehr groß ist, wird es mir wahrscheinlich auf Dauer sehr schwerfallen, dies *hinzunehmen* und dabei "GOAL" zu sein. Und da ich die Situation - in unserem Beispiel die Arbeitsbedingungen – nicht *direkt* verändern kann, bleibt mir nichts anderes übrig, als mich in eine andere Situation zu begeben - also beispielsweise den Arbeitsplatz zu wechseln oder um eine innerbetriebliche Versetzung anzusuchen.

Wäre das nicht nur eine Flucht vor der Situation? Manche würden das wohl so sehen. Doch was wäre die Alternative? Selbst wenn ich bewusst an meinen Eigenanteilen (e) arbeite, so dass ich in der Situation besser "GOAL" bleiben kann, also die positiven Argumente (+) stärke, gibt es keine Garantie dafür, dass die Anteile der anderen Personen (a) und die Anteile der Situation selbst (s) sich nicht noch weiter zum

Negativen (-) für mich entwickeln. Und unter diesen Umständen weiter in der Situation zu verbleiben, würde dem Prinzip der *liebevollen Selbstfürsorge* widersprechen. Wozu sich in einer Situation quälen, wenn man es in einer anderen Situation vielleicht besser haben könnte?

Der Weg zum Ziel ist nicht immer der Direkte. Es braucht manchmal eine Menge "Trial-and-Error", um herauszufinden, was einem hilft, "GOAL" zu sein. Und dafür können die hier aufgeführten Fragen des "Praxistests" erste Anhaltspunkte liefern.

Sollten Sie allerdings dennoch nicht weiterkommen oder nicht wissen, an welchem der Anteile (e), (a) oder (s) Sie ansetzen sollen, wäre eine weitere Möglichkeit, sich Hilfe von außen zu suchen. Entweder indem Sie z.B. mit einer Person Ihres Vertrauens über die Situation sprechen und aus der Meinung der anderen Person etwas für sich herausziehen können. Oder indem Sie eine Beratung oder eine andere Art von professioneller Hilfe, z.B. eine/n PsychotherapeutIn, aufsuchen. Sich Hilfe zu holen, ist *keine* Schwäche, sondern ganz im Gegenteil: Es zeigt, dass Sie *offen* für neue Ideen und Handlungsmöglichkeiten sind.

Nachwort: Ziele für und mit "GOAL"

So fügt sich alles zusammen: "GOAL" beschreibt vier Eigenschaften als *Teilziele* auf dem "Weg zum Ziel", wobei diese vier Eigenschaften - *Gelassenheit*, *Offenheit*, *Authentizität* und *Liebenswürdigkeit* - einige Gemeinsamkeiten und Überschneidungen aufweisen. Symbolhaft könnte das in etwa so aussehen:

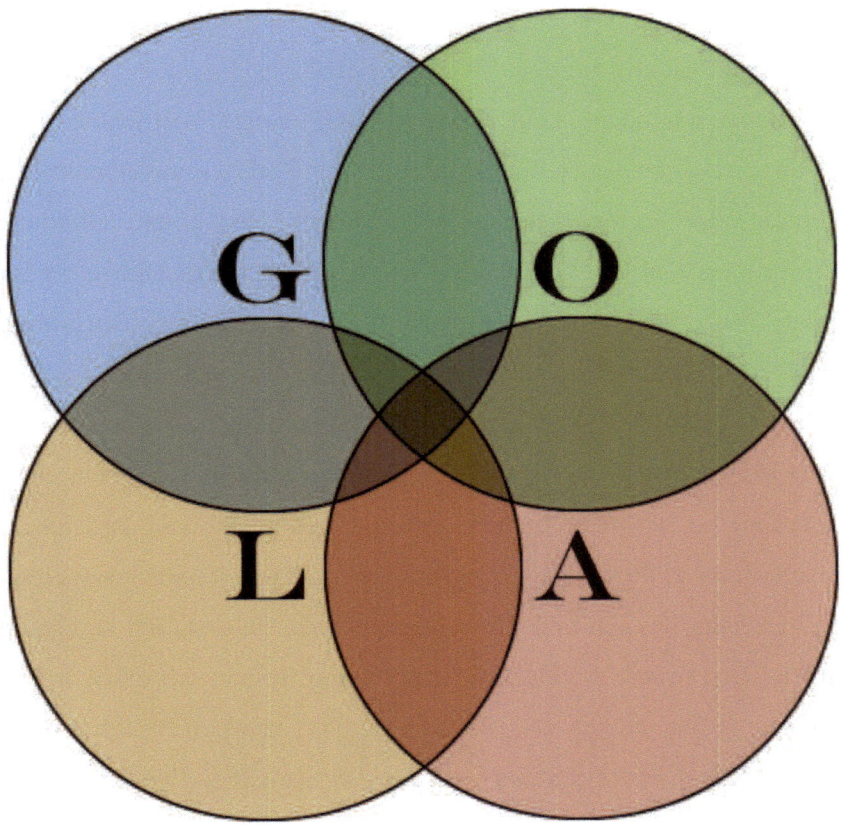

Abbildung 4:   **Überschneidungen der vier Eigenschaften von "GOAL"**

So haben z.B. *Gelassenheit* und *Offenheit* einiges gemeinsam, was wiederum viel mit dem Konzept der Achtsamkeit zu tun hat. *Authentizität* und *Liebenswürdigkeit* haben ebenfalls eine gemeinsame Basis, die sich etwa durch Begriffe wie "Selbstaufmerksamkeit", "Selbstbewusstsein" oder "Selbstwertgefühl" beschreiben lässt. Letztendlich lassen sich alle vier Eigenschaften auf einen gemeinsamen Nenner bringen, so wie die Kapitel in diesem Buch geht eins ins andere über. Gleichzeitig ist allerdings jede einzelne Eigenschaft für sich genommen wichtig auf dem "Weg zum Ziel".

Doch ich möchte keine weiteren "Betitelungen" vornehmen. Wie bereits zu Beginn dieses Buches gesagt, mein Ziel ist es nicht, eine neue Theorie oder Therapierichtung zu begründen. Dies könnte allerdings ein weiteres Ziel für "GOAL" werden. Ich hätte nichts dagegen, wenn mein Ansatz für "GOAL" wissenschaftlich untermauert werden könnte. Doch mein (erstes) Ziel war es, "GOAL" mit anderen Menschen zu teilen, so dass diese davon profitieren können. Ob das gelungen ist, kann jeder Mensch, der dieses Buch liest, nur für sich selbst beurteilen. Das Einzige, was ich mit Sicherheit sagen kann, ist, dass ich es geschafft habe, dieses Buch zu schreiben. Und damit habe ich auch ein Ziel erreicht, das ich mir schon lange gesetzt habe, da ich bereits als Jugendliche immer ein Buch oder gar einen Roman schreiben wollte. Allerdings ist dieser auf Selbsterfahrung basierende Ratgeber - jedenfalls meiner Ansicht nach - *wertvoller* als jede fiktive Geschichte, die ich hätte schreiben können.

Nun könnte man mir nachsagen, dass das Konzept von "GOAL" nichts Neues sei. Immerhin bediene ich mich teilweise an bereits existierenden Konzepten, was jedoch nicht zuletzt in empirischen Arbeiten durchaus üblich ist. Allerdings ist mir eine Kombination speziell der hier beschriebenen Konzepte - ob aus empirischer Forschung, wie z.B. die *Achtsamkeit*, oder eher esoterischer Natur, wie das *Liebesbewusstsein* - bisher nicht untergekommen. Und wenn bereits empirisch wirksame Konzepte darunter sind, wie eben die *Achtsamkeit*, umso besser. Das könnte den Weg einer möglichen wissenschaftlichen Untermauerung meines "GOAL"-Ansatzes vielleicht sogar erleichtern.

Ein weiteres mögliches Ziel, das mir für "GOAL" noch vorschweben würde, wäre die Übersetzung ins Englische. Es wäre zumindest naheliegend, da *goal* ja ein englisches Wort ist. Das Problem dabei ist nur, dass eine 1:1 Übersetzung schwer möglich ist, da die Anfangsbuchstaben der einzelnen Eigenschaften nicht mehr "GOAL" ergeben würden. Doch ich habe mir schon Gedanken darüber gemacht, und eine mögliche Lösung dieses Problems könnte so aussehen:

*"**G**enuine,*
***O**pen-minded,*
***A**t peace,*
***L**ovable -*
That's the way there."

So könnte ich mir eine Übersetzung vorstellen, auch wenn demnach *Gelassenheit* (hier *at peace*, zu Deutsch etwa "im Frieden mit sich") und *Authentizität* (hier *genuine*, zu Deutsch "echt") vertauscht wären. Doch da ohnehin, wie gesagt, eine Eigenschaft in die andere übergeht, kann die Reihenfolge auch beliebig vertauscht werden. Das Zusammenwirken der vier Eigenschaften von "GOAL" ist das Entscheidende.

So viel zu *meinen* Zielen für "GOAL". Was wären *Ihre* Ziele, die sie mit "GOAL" erreichen könnten? Wo möchten Sie in Ihrem Leben *gelassen*, *offen*, *authentisch* und *liebenswert* sein? Ich denke, *Gelassenheit*, *Offenheit*, *Authentizität* und *Liebenswürdigkeit* sind in verschiedensten Lebensbereichen erstrebenswert und können auch Sie, beruflich wie privat, weiterbringen. Mit "weiterbringen" meine ich: sich selbst ins innere Gleichgewicht bringen, Möglichkeiten zum Ausgleich schaffen und vor allem bei sich selbst ankommen. Denn auch wenn Sie sich Hilfe, Tipps und Anregungen von außen holen - sei es aus einem Ratgeber, von Bekannten oder in einer Therapie -, letztendlich wissen nur *Sie* allein, was Sie in Ihrem Leben *wirklich* brauchen.

Und damit wünsche ich Ihnen beim Erreichen und auch beim Stecken neuer Ziele alles erdenklich Gute auf Ihrem Weg und viel Erfolg!

Bettina Kleebach

im September 2016

Glossar

Hier folgt noch ein Überblick über einige Begriffe, welche ich im Text verwendet, jedoch (meist) nicht näher erläutert habe, um den Lesefluss nicht zu stören. Bei den meisten handelt es sich um Fachausdrücke, Konzepte oder bestimmte wichtige Begriffe, die möglicherweise auch recht geläufig sind, doch wovon so ziemlich jeder Mensch eine eigene Vorstellung hat. Daher weise ich darauf hin, dass die nun folgenden Erläuterungen auch meine subjektive Vorstellung wiedergeben und daher keinen Anspruch auf Vollständigkeit erheben. Für weitere Informationen zu diesen Begriffen empfehle ich daher, auf Wikipedia oder in der Literatur nachzuschlagen. Die von mir zu einigen Begriffen angegebene "weiterführende Literatur" ist lediglich beispielhaft gewählt, es gibt sicherlich zu den einzelnen Themen noch mehr (und möglicherweise für Sie *passendere*) Literatur.

Achtsamkeit

Das Konzept der "Achtsamkeit" - auch "Bewusstheit" genannt - stammt ursprünglich aus dem Buddhismus und wurde etwa in den 1970er Jahren in der psychologischen Forschung zum ersten Mal aufgegriffen. In den 1980er Jahren entwickelte die Psychologin und Verhaltenstherapeutin Marsha Linehan die sogenannte "dialektisch-behaviorale Therapie" (kurz: DBT) auf der Basis dieses Konzeptes. Ein wichtiger Bestandteil dieser Therapie sind genau formulierte Verhaltensanweisungen und Achtsamkeitsübungen, welche dazu dienen, sich sogenannte "Skills", also bestimmte Fertigkeiten, anzueignen, um innere Anspannung, also psychischen und körperlichen Stress, zu reduzieren. Die

Fertigkeiten, die durch Achtsamkeitsübungen entwickelt werden sollen, beschreiben meiner Ansicht nach recht treffend, was Achtsamkeit genau bedeutet, und werden in sogenannte "WAS-Fertigkeiten" und "WIE-Fertigkeiten" eingeteilt.

Zu den "WAS-Fertigkeiten" gehören:

- *Wahrnehmen* - d.h., sich auf alles einlassen, was im Augenblick "da" ist
- *Beschreiben* - d.h., wertfreie Worte für Gedanken und Gefühle, und dadurch Abstand zu diesen finden
- *Teilnehmen* - d.h., voll und ganz "aufgehen" im gegenwärtigen Moment, also handeln, ohne darüber nachzugrübeln

Die "WIE-Fertigkeiten" beschreiben, *wie* die "WAS-Fertigkeiten" eingesetzt werden sollen:

- *Annehmend* - d.h., die gegenwärtige Situation in ihrem "Sosein" akzeptieren und nicht bewerten
- *Konzentriert* - d.h., mit der ganzen Aufmerksamkeit bei sich und bei der Situation bleiben
- *Wirkungsvoll* - d.h., es gibt kein "Richtig" oder "Falsch", es geht darum, das zu tun, was in dieser Situation erforderlich und mir in diesem Augenblick möglich ist

Weitere Informationen: https://de.wikipedia.org/wiki/Achtsamkeit

Weiterführende Literatur: Acton Smith, M. (2016). *Calm. Gelassen werden und die Welt verändern*. München: Knaur.

Esoterik

Bei dem Wort "esoterisch" denken viele Menschen wohl an irgendwelchen Hokuspokus, an dessen Wirksamkeit man entweder glauben kann oder besser nicht glauben sollte. In seiner ursprünglichen Bedeutung meint das Wort "innerlich", "nach innen gerichtet", "von innen betrachtet" oder auch "von innen nach außen". Es geht also darum, sich selbst "von innen" genau zu betrachten sowie darum, dass alles, was in einem Menschen ist, sich auch nach außen auswirkt, und dass ich deshalb bei mir selbst anfangen sollte, wenn ich etwas im Außen verändern will. Das ist jedenfalls ein Prinzip, das auch für die Psychologie und Psychotherapie von Bedeutung ist. Allerdings gibt es im Unterschied zur Psychotherapie in der Esoterik keine wissenschaftlich belegten Wirksamkeiten, weshalb der Zugang eher ein intuitiver ist. Also das, was sich für mich intuitiv richtig anfühlt und wovon ich glaube, dass es mir helfen kann, ist der richtige Weg für mich. Das wäre also ein Placebo-Effekt, der immerhin wissenschaftlich belegt ist.

Weitere Informationen: https://de.wikipedia.org/wiki/Esoterik

Psychoanalyse

Sigmund Freud (1856-1939) gilt als der "Vater" der Psychoanalyse und damit auch der Psychotherapie. Die Methode der Psychoanalyse habe ich bereits in der Einleitung kurz (und stereotyp) dargestellt, doch ich möchte noch einmal zusammenfassen, was das Ziel dieser Therapiemethode ist: Durch die "freie Assoziation" soll sich die Persönlichkeit der PatientInnen in all ihren Facetten entfalten, so dass sich dem/der PsychoanalytikerIn darstellt, welche inneren Konflikte, welche Restriktionen des "Über-Ichs" und welche Triebe des "Es" im Unbewussten der PatientInnen wirken, also zu ihrer Symptomatik (im "Ich") führen. Um diese zu analysieren, wenden AnalytikerInnen die Methoden der "Klärung", "Deutung" und "Konfrontation" an, d.h. sie klären durch Fragen an die PatientInnen ab, ob sie deren Erleben verstanden haben, bieten den PatientInnen mögliche Deutungen für unbewusste Zusammenhänge an und konfrontieren die PatientInnen mit unbewussten Themen, welche diese nicht bewusst erkennen können oder wollen. Im Verlauf der psychoanalytischen Therapie, welche üblicherweise mehrmals pro Woche stattfindet und einige Jahre dauern kann - die Krankenkassen übernehmen, *wenn* sie diese Behandlung genehmigen, bis zu 300 Therapiestunden -, sollen PatientInnen so die Möglichkeit erhalten, ihre eigene

Persönlichkeit kennen zu lernen und, zur Erleichterung ihrer Symptomatik, zu verändern. Natürlich sind Freuds Theorien und Methoden weitaus komplexer, als ich das hier in aller Kürze darstellen könnte.

Weitere Informationen: https://de.wikipedia.org/wiki/Psychoanalyse

Weiterführende Literatur: Storr, A. (2013). *Freud: Eine sehr kurze Einführung.* Bern: Hans Huber.

Psychologische Astrologie

Die Astrologie dient, anders als es in Tageszeitungen und Zeitschriften oft suggeriert wird, nicht unbedingt der exakten Vorhersage von Ereignissen durch den Einfluss der Planeten. Es geht darum, mögliche Chancen und Gefahren der Planetenkonstellation zu einem bestimmten Zeitpunkt zu erkennen und zu deuten. Dabei spielen neben dem "Sternzeichen" noch viele weitere Faktoren eine Rolle. Was im Volksmund "Sternzeichen" genannt wird, ist jenes der zwölf Tierkreiszeichen eines Horoskops, in dem zum Zeitpunkt der Geburt die Sonne stand. Doch zusätzlich steht die Sonne auch immer in einem von zwölf sogenannten "Häusern" oder "Feldern" und meistens noch in einem bestimmten Winkel oder "Aspekt" zu anderen neun Planeten im Horoskop, z.B. Mond, Mars oder Venus. Gerade in der psychologischen Astrologie wird davon ausgegangen, dass die Planetenkonstellation in unserem Geburtshoroskop die (positiven wie negativen) Potentiale unserer Persönlichkeit aufzeigt, doch dass wir diesem Einfluss nicht "ausgeliefert" sind, sondern wir daran arbeiten können, welche dieser Potentiale wir leben wollen und welche nicht. Es gibt prinzipiell auch keine "guten" oder "schlechten" Horoskope, sondern solche mit mehr oder weniger spannungsreichen bzw. widersprüchlichen Aspekten. Jeder Planet ist im Horoskop als ein bestimmter Anteil der Persönlichkeit ein "Akteur" ("Wer?"), das Tierkreiszeichen, in dem der Planet steht, ist sein "Stil" ("Wie?"), das Haus oder Feld, in dem er steht, ist der Lebensbereich, in dem er sich am besten entfalten kann ("Wo?"), und seine Aspekte zeigen sein Verhältnis zu den anderen

"Akteuren" (Planeten) an. All das sagt etwas über die Potentiale eines Horoskops aus, und so entsteht durch die Vielzahl der möglichen Kombinationen ein sehr komplexes Bild einer Person oder auch eines Ereignisses. Die "Trefferquote" solcher Horoskopdeutungen ist ein oft untersuchtes Phänomen, auch in der psychologischen Forschung. Die Astrologie ist zwar keine empirisch haltbare Wissenschaft, doch ihre Deutungen folgen bestimmten Gesetzmäßigkeiten. Daher gehen die Einstellungen ihr gegenüber unter Wissenschaftlern, insbesondere unter PsychologInnen und PsychotherapeutInnen, weit auseinander: Die einen betrachten sie als gefährliche Pseudowissenschaft, die anderen sehen sie als hilfreiche Ergänzung - ich brauche wohl nicht noch zu erwähnen, dass ich mich selbst zu "den anderen" zähle. Ich persönlich erkenne gerade zwischen der tiefenpsychologisch fundierten Psychotherapie und der psychologischen Astrologie einige Verbindungen und Parallelen, was u.a. auch in einem Buch von Claus Riemann - seines Zeichens Tiefenpsychologe und Astrologe - dargestellt wird. Übrigens waren sich schon Sigmund Freud (1856-1939) und sein einst enger Freund und Kollege Carl Gustav Jung (1875-1961) in ihrer Meinung über die Astrologie uneinig.

Weitere Informationen: https://de.wikipedia.org/wiki/Astrologie

Weiterführende Literatur: Riemann, C. (2007). *Der tiefe Brunnen. Astrologie und Märchen* (3. Aufl.). München: Goldmann.

Selbsterfahrung

Im Fall von PsychotherapeutInnen in Ausbildung bedeutet Selbsterfahrung, sich selbst in die Rolle von PatientInnen zu begeben, indem man eine bestimmte Mindestanzahl von Einzelbehandlungsstunden bei erfahrenen PsychotherapeutInnen nutzt und außerdem für eine bestimmte Mindestanzahl von Behandlungsstunden an fortlaufenden Gruppensitzungen teilnimmt. Die Selbsterfahrung dient vorwiegend dazu, sozusagen "am eigenen Leib" zu erfahren, wie es PatientInnen in der Therapiesituation ergehen könnte, um für "blinde Flecken" in der Ausübung des Berufs aufmerksam zu werden. Natürlich ist ein weiterer Effekt der Selbsterfahrung, dass eigene Probleme bzw. eigener Therapiebedarf erkannt und behandelt werden können.

Weitere Informationen: https://de.wikipedia.org/wiki/Selbsterfahrung

Soziale Kompetenz

Der Begriff "Soziale Kompetenz" stammt aus der Verhaltenstherapie und ist schwer zu definieren, da er sehr viele verschiedene Fähigkeiten und Fertigkeiten einer Person umfasst, die vorhanden sein müssen, um diverse soziale Situationen "gut" zu bewältigen. In der Verhaltenstherapie, speziell in der kognitiven Verhaltenstherapie von depressiven Patienten, sollen solche Fähigkeiten trainiert werden, um eine Steigerung der Selbstsicherheit und des Selbstwertgefühls zu erreichen. Dazu werden meistens im Rahmen von Gruppentherapie Situationen geübt, die einen bestimmten "Typ" von sozialen Situationen aus dem alltäglichen Leben beispielhaft darstellen. Zu den "Typen" sozialer Situationen gehören: "Recht durchsetzen" (Typ R), "Beziehungen" (Typ B) und "um Sympathie werben" (Typ S). Beispielsweise können PatientInnen üben, in bestimmten für sie schwierigen Situationen "Nein" zu sagen (Typ R), indem ein/e andere/r PatientIn in einem sogenannten "Rollenspiel" die Rolle eines schwierigen Gegenübers, z.B. eines guten Freundes, übernimmt. Der/die TherapeutIn hat bei diesen Übungen die Aufgabe, PatientInnen in "sozial kompetentem" Verhalten zu bestärken und auf nicht "sozial kompetentes" Verhalten aufmerksam zu machen, damit dieses in Richtung sozialer Kompetenz verändert bzw. verbessert werden kann. Es gibt auch zahlreiche Bücher mit Übungen zur sozialen Kompetenz für den Alltag, z.B. von Hinsch & Wittmann.

Weitere Informationen: https://de.wikipedia.org/wiki/Soziale_Kompetenz

Weiterführende Literatur: Hinsch, R. & Wittmann, S. (2010). *Soziale Kompetenz kann man lernen* (2., überarbeitete Aufl.). Weinheim: Beltz.

Supervision

In einer Supervision (von Lateinisch "supervidere" - zu Deutsch: "überblicken") geht es im Unterschied zur Selbsterfahrung nicht primär um den/die PsychotherapeutIn (in Ausbildung oder nicht mehr) als Person, sondern direkt um dessen/deren Arbeit mit den PatientInnen. Dabei blickt ein/e außenstehende/r, erfahrene/r KollegIn (mit spezieller Zusatzausbildung) auf den Behandlungsfall, zeigt mögliche neue Betrachtungsweisen und "blinde Flecken" auf und gibt Ratschläge, wenn die Behandlung aus irgendwelchen Gründen erschwert oder zum Stillstand gekommen ist. Supervision gibt es ebenso wie Selbsterfahrung sowohl im Einzel- als auch im Gruppensetting, z.B. können auch Team-Supervisionen genutzt werden, um bei Spannungen oder Konflikten innerhalb von Behandlungsteams einen Blick von außen auf die Situation zu erhalten.

Weitere Informationen: https://de.wikipedia.org/wiki/Supervision

Tiefenpsychologisch fundierte Psychotherapie

Da ich bereits in der Einleitung kurz erläutert habe, worum es bei dieser Therapiemethode geht, möchte ich hier eine Zusammenfassung anbieten, die ich selbst einmal im Rahmen meiner beruflichen Tätigkeit geschrieben habe: Die tiefenpsychologisch fundierte Psychotherapie (TP) wurde auf den Grundlagen der Psychoanalyse (PA) entwickelt, ist im Unterschied zur PA allerdings fokussierter, interaktiver und gegenwartsorientierter – dadurch weniger zeitintensiv. Die TP geht davon aus, dass bei den PatientInnen aufgrund ihrer frühesten Beziehungserfahrungen (v.a. mit den Eltern in der Kindheit) sich wiederholende Beziehungsmuster entstanden sind, welche auch ihre aktuellen Beziehungen beeinflussen (= Psychodynamik). Daher wird in der TP „im Hier und Jetzt" an der therapeutischen Arbeitsbeziehung zwischen TherapeutIn und PatientIn angesetzt. Hierbei nutzen TherapeutInnen psychoanalytische Methoden (Klärung, Deutung, Konfrontation), um die Beziehungsmuster der PatientInnen herauszuarbeiten und ihnen die dahinterstehenden unbewussten Motive und Wünsche bewusst zu machen. So können Widersprüchlichkeiten und innere Konflikte zwischen verschiedenen Motiven der PatientInnen aufgedeckt werden, deren bisherige „Kompromisslösung" in der Entwicklung psychosomatischer Symptome bestand. Ziel der TP ist es, den PatientInnen alternative Beziehungsmuster und somit alternative „Lösungen" der inneren Konflikte zu ermöglichen. In der tiefenpsychologisch fundierten Gruppentherapie werden zusätzlich zur therapeutischen Arbeitsbeziehung die Beziehungen zu den anderen GruppenteilnehmerInnen genutzt, um diesen Prozess zu unterstützen.

Weitere Informationen:

https://de.wikipedia.org/wiki/Tiefenpsychologisch_fundierte_Psychotherapie

Weiterführende Literatur: Jaeggi, E. & Riegels, V. (2009). *Techniken und Theorie der tiefenpsychologisch fundierten Psychotherapie* (2. Aufl.). Stuttgart: Klett-Cotta.

Verhaltenstherapie

Wie bereits in der Einleitung kurz erwähnt, setzen verhaltenstherapeutische Behandlungsmethoden (VT) - im Unterschied zu psychoanalytischen oder tiefenpsychologisch fundierten - meistens direkt am Verhalten der PatientInnen an. Grundlage hierfür bildeten die sogenannten behavioristischen Lerntheorien, welche von Anfang des 20. Jahrhunderts bis etwa in die 1960er Jahre erforscht wurden, angefangen mit der "Klassischen Konditionierung" (der "Pawlow'sche Hund"), über die "Operante Konditionierung" nach Thorndike & Skinner bis hin zum "Lernen am Modell" nach Bandura. Aufgrund dieser Untersuchungen wurde die menschliche Psyche in der VT ursprünglich als eine Art "Black Box" betrachtet, in die man als Therapeut nur einen "Input" geben muss, um einen bestimmten "Output" zu erhalten, z.B. durch Koppelung von Reizen ("Klassische Konditionierung"), Belohnung bzw. Verstärkung (durch Lob) gewünschten Verhaltens oder Bestrafung bzw. Nicht-Belohnung unerwünschten Verhaltens ("Operante Konditionierung") oder indem TherapeutInnen das gewünschte

Verhalten vormachen ("Lernen am Modell"). Ergänzt wurden diese Vorstellungen durch die sogenannten "kognitiven Theorien", in denen ab den 1960er Jahren auch Gedanken und Gefühle der PatientInnen in die Untersuchungen miteinbezogen und somit ein "Gegengewicht" zum "Black Box"-Modell geschaffen wurde. So wurden mit der Zeit Behandlungsmanuale und -pläne für die unterschiedlichsten psychischen Störungen entwickelt, nach denen VerhaltenstherapeutInnen bei der Behandlung ihrer PatientInnen mehr oder weniger standardisiert vorgehen können. Natürlich bedeutet das nicht, dass alle PatientInnen nach dem exakt gleichen Schema behandelt werden, doch die Grundstruktur der Vorgehensweise ist ähnlich. Beispielsweise sieht das Vorgehen in der kognitiven Verhaltenstherapie depressiver PatientInnen mehrere Punkte vor, wie u.a. die Arbeit an dysfunktionalen (d.h. depressionsverstärkenden) Gedanken und Grundüberzeugungen sowie die Förderung sozialer Kompetenz, doch in welcher Reihenfolge, in welcher Form (Einzel- und/oder Gruppentherapie) oder in welcher Gewichtung diese Punkte behandelt werden, kann von Fall zu Fall unterschiedlich sein. Die positiven Effekte solcher Behandlungen wurden wiederholt in statistischen Erhebungen bzw. in kontrollierten Experimenten empirisch nachgewiesen.

Weitere Informationen: https://de.wikipedia.org/wiki/Verhaltenstherapie

Weiterführende Literatur: Willson, R. & Branch, R. (2011). *Kognitive Verhaltenstherapie für Dummies* (2., überarbeitete und erweiterte Aufl.). Weinheim: Wiley-VCH.

Literaturhinweise

Hier finden Sie (Fach-)Literatur, auf die ich mich bezogen habe:

Arbeitskreis OPD (Hrsg.) (2007). *Operationalisierte psychodynamische Diagnostik OPD-2* (2., überarbeitete Aufl.). Bern: Hans Huber.

Borkenau, P. & Ostendorf, F. (1993). *NEO-Fünf-Faktoren Inventar (NEO-FFI) nach Costa und McCrae.* Göttingen: Hogrefe.

Hardenberg, M. (2014). *Liebe ...spricht Klartext! Was wirkliche Liebe meint und wahre Liebe ist* (2. Aufl.). Bielefeld: tao.de.

Hiller, W., Leibing, E., Leichsenring, F. & Sulz, S. K. D. (2005). *Lehrbuch der Psychotherapie für die Ausbildung zur/zum Psychologischen PsychotherapeutIn und für die ärztliche Weiterbildung. Band 1: Wissenschaftliche Grundlagen der Psychotherapie* (3. Aufl.). München: CIP-Medien.

Jaeggi, E. (2007). *Und wer therapiert die Therapeuten?* (3. Aufl.). München: dtv.

Kühne de Haan, L. (2013). *Ja, aber... Die heimliche Kraft alltäglicher Worte und wie man durch bewusstes Sprechen selbstbewusster wird* (19. Aufl.). München: Nymphenburger.

Marin, C. (Hrsg.) (2012). *Das kleine Buch für starke Nerven.* Germering: Groh.

Ostendorf, F. & Angleitner, A. (2004). *NEO-Persönlichkeitsinventar nach Costa und McCrae, Revidierte Fassung.* Göttingen: Hogrefe.

Im Folgenden eine kurze Auflistung der Wikipedia-Artikel, die ich erwähnt habe:

http://de.wikipedia.org/wiki/Big_Five_(Psychologie)
http://de.wikipedia.org/wiki/Gelassenheitsgebet
http://de.wikipedia.org/wiki/Gewaltfreie_Kommunikation

Hier noch eine Homepage mit vielen interessanten "Sinnsprüchen", z.B.:

"Wer für alles offen ist, kann nicht ganz dicht sein."

nach Unbekannt

Quelle: http://www.aphorismen.de

Meine Homepage mit meinem psychologisch-astrologischen und künstlerischen Angebot:

http://www.astroheroes4u.com

Und für all diejenigen, die an meiner wissenschaftlichen und verhaltenstherapeutischen Seite interessiert sind:

Kleebach, B. (2009). *Unterschiede zwischen Singles und Personen in einer Partnerschaft bezüglich Befindlichkeit, Depressivität und Persönlichkeit.* Diplomarbeit an der Paris-Lodron Universität Salzburg.